QUESTIONS IMPORTANTES D'ACTUALITÉ.

I.

DROITS DES NEUTRES

EN MATIÈRE DE BLOCUS ET DE PRISES MARITIMES,

À l'occasion de la Confiscation de Propriétés Anglaises capturées pendant le Blocus de Buenos-Ayres de 1847 à 1848.

II.

DÉCLARATION DE NEUTRALITÉ

DES

PUISSANCES MARITIMES.

III.

QUESTION DES LETTRES DE MARQUE.

LES CORSAIRES ET LES AGENTS DE LA RUSSIE
AUX ETATS-UNIS.

NOTE RECOMMANDÉE A L'ATTENTION DES GOUVERNEMENS
DE FRANCE ET D'ANGLETERRE.

PAU, IMPRIMERIE ET LITHOGRAPHIE DE É. VIGNANCOUR.

AFFAIRE DU BRICK ANGLAIS
THE FAME.

QUESTIONS IMPORTANTES D'ACTUALITÉ.

DROITS DES NEUTRES
En matière de Blocus et de Prises Maritimes.

Toutes les questions relatives aux *Droits des Neutres*, surtout en matière maritime, sont aujourd'hui l'objet de l'attention la plus sérieuse des Gouvernements.

Déjà le Danemarck et la Suède ont fait à cet égard une *Déclaration* qui a obtenu de nombreuses et puissantes adhésions, notamment celle de l'Angleterre, ainsi que le prouve la lettre que Lord Clarendon a écrite tout récemment à leurs Chargés d'Affaires, pour exprimer *la satisfaction que cette Déclaration a causée au Gouvernement Anglais et ses dispositions à soutenir de son mieux la position neutre de ces puissances et conséquemment les principes énoncés dans leur Déclaration.*

Il résulte également d'une *conversation* qui a eu lieu à la Chambre des Communes, dans la séance du 26 février et dans celle du 3 de ce mois, entre le premier Lord de l'Amirauté et le très-honorable (the right-honorable) Monsieur T.-M. Gibson, ancien membre du Conseil Privé de S. M. B., que le Gouvernement Anglais attache une très-grande importance au maintien des *Principes généraux de la Neutralité.* (*)

(*) Voici en quels termes significatifs il a été annoncé dans la séance du 3 de ce mois que le Parlement d'Angleterre allait être invité à faire à cet égard une DÉCLARATION solennelle à l'appui de celle que les Ministres de S. M. B. ont annoncée itérativement. Pour l'intelligence de cette citation, je dois rappeler que

C'est précisément au moment où ces principes reçoivent des témoignages si nombreux et si éclatants de respect et d'adhésion, qu'il paraît opportun d'appeler de nouveau l'attention sur l'affaire du Brick Anglais *The Fame*, pour faire ressortir de plus en plus, ainsi que mon devoir m'y oblige, chaque fois que l'occasion s'en présente, l'importance des questions *d'ordre international* qui s'y trouvent posées, et combien il serait désirable qu'elles reçussent enfin une solution conforme aux principes aujourd'hui si généralement et si solennellement invoqués. En effet, ces questions sont relatives à quelques-uns des points les plus importants du droit des neutres en matière de blocus et de prises maritimes, savoir :

« 1° Que tout blocus doit être effectif et surtout *impartial* dans son exécution pour être » obligatoire.

» 2° Qu'aucun navire neutre ne peut être arrêté que sur de justes causes et des faits » évidents; qu'ils doivent être jugés sans retard; que la procédure doit toujours être » uniforme, légale, et que les sentences doivent être conformes aux règles de la plus » exacte justice et équité.

« 3° Et que, dans le cas de détention mal fondée, des dédommagements proportionnés » à la perte occasionnée doivent être accordés à ceux à qui elle aurait été illégalement » ou injustement infligée. »

Tels sont les principes généraux de la neutralité en matière de blocus et de prises maritimes. Ils sont énoncés et formellement consacrés dans toutes les conventions maritimes que les diverses puissances du globe ont faites entre elles depuis plus d'un siècle; et, ainsi que je le disais dans le Mémoire intitulé *Phase de la Révision* :

« La France a rendu hommage à ces principes, dans plusieurs circonstances et notam- » ment dans son Traité du 1.er octobre 1800 avec les Etats-Unis de l'Amérique du Nord. » Il n'y est, en effet, question que de *blocus réels*. — Depuis lors, et pénétrée chaque » jour davantage de l'importance de ces matières, elle a été la première à poser en prin- » cipe la nécessité de l'avertissement préalable et celle de son inscription sur les papiers

---

l'honorable M. Gibson avait invité, dans . séance du 26 février dernier, le Gouvernement de S. M. B. à faire connaître sa décision relativement au Droit des neutres et aux *Lettres de Marque* « la Course »; et il avait annoncé son intention de faire dans la séance du 7, une «motion» sur ce sujet. Dans la séance du 5, le premier lord de l'Amirauté a invité l'honorable membre à différer sa motion « *parce que le Gouvernement de S. M. s'occupait de la manière la plus sérieuse, non seulement de la question de Lettres de Marque, mais encore de celle beaucoup plus grande et infiniment plus importante du Droit des neutres et qu'il ferait bientôt une Déclaration sur tous ces points.* »

M. Gibson a répondu « *qu'il accédait au désir exprimé, mais qu'il se réservait la faculté de faire sa* » *motion plus tard*, parce qu'elle s'appliquait à *l'état de paix* comme à l'état de guerre, et qu'il avait » *l'intention de provoquer une* DÉCLARATION PARLEMENTAIRE qui *atteindra le but qu'on se propose, peut-* » *être mieux que ne le fera celle du Gouvernement.* » Or, il est évident que ce but consiste à donner aux *principes généraux de la Neutralité* la consécration la plus solennelle.

« de bord. Elle l'a fait consacrer de la manière la plus précise, ainsi que la réalité obli-
« gatoire des blocus, dans chacune de ses Conventions depuis le commencement du siècle,
« surtout dans ses traités avec les nouveaux Etats de l'Amérique du Sud; et pour se con-
« vaincre de l'importance qu'elle attache au maintien de ces règles si justes et si salutaires,
« il suffit de jeter les yeux sur sa convention du 21 août 1828 avec le Brésil, qui n'a
« pour objet que le règlement d'indemnités pleines et entières exigées et accordées pour la
« violation de ces mêmes règles.

« En présence de ces citations, on comprend l'intérêt d'actualité qui s'attache à l'affaire
« du *Fame*, puisqu'elle offre l'exemple le plus regrettable comme le plus dangereux du
« sacrifice complet de tous les principes et de toutes les règles qu'il importe aujourd'hui
« plus que jamais de maintenir et de faire respecter. »

Depuis que j'ai écrit ces lignes, l'intérêt qui s'attache à la solution si im-
patiemment attendue, *a considérablement grandi*. — Il est maintenant trop
évident que les évènements qui se déroulent avec tant de rapidité et d'é-
nergie amèneront bientôt de nombreuses et importantes occasions d'appli-
quer les principes et les règles que je viens de rappeler; il serait donc au
moins extrêmement regrettable qu'elles restassent plus long-temps en souffrance
dans une affaire comme celle du *Fame*,

« Sur laquelle, disais-je dans le mémoire que je viens de citer, l'attention d'un grand
« nombre d'hommes politiques, celle du Commerce Maritime de plusieurs ports d'Angle-
« terre, est fixée depuis long-temps; chacun se sent intéressé au triomphe des principes
« qui s'y trouvent en cause; aussi est-ce pour satisfaire cette juste anxiété que j'ai voulu
« qu'en ouvrant ce Mémoire, le lecteur anglais, surtout, y trouvât une preuve officielle
« et *pratique* de la sincérité de la résolution si fermement exprimée par le Gouvernement
« Français de respecter le Droit International; respect dont il importe, aujourd'hui plus que
« jamais, de donner l'exemple; car, ce n'est pas seulement par la force des armes qu'il
« faut défendre la cause des principes, mais encore et avant tout par la force de l'exem-
« ple; or, l'occasion de le donner aussi éclatant que salutaire ne s'est jamais présentée
« meilleure ni plus à propos que dans l'affaire du *Fame* — et c'est sans doute ainsi que le
« jugeront tous les bons esprits.

« IL Y A DANS CETTE AFFAIRE (disait son défenseur devant le Conseil d'Etat, l'honorable
« M. de Pascalis, maintenant Conseiller à la Cour de Cassation), IL Y A DANS CETTE AFFAIRE DU
« *Fame* UN INTÉRÊT GRAND ET VRAIMENT NATIONAL; IL NE FAUT PAS QUE LA FRANCE CRÉE DES PRÉ-
« CÉDENTS DONT ON POURRAIT, PLUTARD, SE PRÉVALOIR CONTRE ELLE.

« Il suffit de faire ressortir l'importance morale et politique de cet intérêt pour être cer-
« tain qu'il n'existe aucune considération à laquelle il puisse être raisonnablement sacrifié. »

Ce sacrifice est aujourd'hui plus improbable que jamais; j'ose même dire
qu'il parait impossible !

Pour justifier cette assertion il suffit de rappeler, en présence des Déclarations
de Principes dont je viens de parler, de quelle manière ceux qui régissent les
Blocus et les Prises Maritimes ont été *oubliés* dans tout ce qui se rattache

à l'affaire du *Fame*. Je citerai d'abord des Déclarations officielles, rendues publiques, qui établissent suffisamment le caractère du blocus, ou plutôt de l'état de choses, à l'occasion duquel ce navire a été capturé.

Voici comment le Chargé d'Affaires des Etats-Unis de l'Amérique du Nord à Buenos-Ayres, s'exprimait dans une note officielle qu'il adressait à ce sujet, simultanément aux Ministres Plénipotentiaires d'Angleterre et de France dans la Plata; note qui a été reproduite, non seulement dans tous les journaux des deux Amériques, mais encore dans ceux des principales villes maritimes de l'Europe :

« Le blocus n'a pas atteint le moins du monde le but pour lequel il a été ostensiblement établi.

« Il n'a fait qu'irriter et engager davantage à la résistance ceux contre lesquels il était employé comme moyen de coërcition. Enfin, lorsqu'il détruisait tout intercours loyal et franc entre l'Europe et Buenos-Ayres, il créait un TRAFIC BATARD par l'intermédiaire du port de Montevideo, frappant ainsi les marchandises d'un *double* droit d'entrée et de sortie.

« En quinze mois, les entrées et les sorties du port de Buenos-Ayres ont constaté un chiffre de 4,012 navires, *chiffre officiel*, *officiellement communiqué* par la douane de Buenos-Ayres à la légation des Etats-Unis. Que penser d'un blocus pendant lequel la moitié de ces bâtiments est entrée dans le port ou bien en est sortie en PLEIN JOUR, passant sous les canons des croiseurs chargés du blocus et qui n'ont jamais eu l'air de vouloir sérieusement le mettre à exécution !

C'était ensuite Lord Howden, ministre de S. M. B. dans la Plata, qui le stygmatisait en ces termes, dans une note officielle adressée au commandant des forces navales de Sa Majesté Britannique dans ces eaux, note qui a été également reproduite :

« Ce blocus a entièrement perdu son caractère primitif de mesure de coërcition contre le général Rosas; il est devenu exclusivement UN MOYEN DE PROCURER DE L'ARGENT, d'abord au gouvernement de Montevideo, puis à certains individus étrangers qui y résident. »

Voici en quels termes *parfaitement significatifs*, Son Excellence le Chargé d'Affaires des Etats-Unis de l'Amérique du Nord près la Cour du Brésil, écrivait dans sa note officielle, datée de Rio-Janeiro le 29 août 1847, et qui a été publiée dans les journaux du Brésil et des Etats-Unis :

« Que bien qu'on ait déclaré que ce blocus soit légitime, il n'est pas mis à exécution d'une manière régulière *ni conforme aux principes établis*. On REPOUSSE de Buenos-Ayres les navires *neutres* qui se présentent devant ce port venant de la haute mer, *afin de les forcer d'aller à Montevideo* pour y transborder leurs chargements sur des caboteurs *auxquels seuls on permet d'entrer dans les ports bloqués*, dans le but notoire et bien avéré de créer ainsi des ressources au gouvernement de Montevideo, à l'avantage de certains spéculateurs et à *l'immense préjudice du commerce des neutres*. »

Je citerai maintenant parmi les déclarations faites au nom du Gouvernement de plusieurs Puissances maritimes celle qui me paraît la plus concluante et qui a reçu une grande publicité :

« Le Gouvernement des États-Unis n'a pas admis et s'admet pas que ce » blocus soit légal ; *et il est certain que si une Cour d'Amirauté en Angleterre,* » *en France ou aux États-Unis, était appelée à se prononcer sur le caractère* » *de ce Blocus, elle n'hésiterait pas à le déclarer* illégal, *si elle était bien* » *instruite des faits qui s'y rattachent et qu'elle voulût faire ici une juste* » *application des Principes du Droit International ; Principes qui ont été reconnus* » *et admis par l'Angleterre et par la France.* »

Mais, ce n'est pas par les gouvernements étrangers ni par leur diplomatie que ce blocus a été le plus sévèrement blâmé, c'est surtout par le gouvernement Français, par l'auteur même de cet acte, qu'il a été stigmatisé de la manière la plus énergique comme la plus accablante ; c'est, en effet, ce qui résulte *incontestablement* des pièces diplomatiques émanées du Gouvernement et rendues publiques par la lecture qui en a été faite à la tribune de l'Assemblée Constituante, dans la séance du 11 juillet 1848, *précisément par S. E. Monsieur Drouyn de Lhuys,* qui était alors Président du Comité des Affaires Étrangères. C'est de cette manière qu'il est devenu *officiellement public et notoire* que le gouvernement Français a reconnu dans les instructions données, le 15 décembre 1847, à son Chargé d'affaires dans la Plata : « *qu'à cette date, le blocus de* » *Buenos-Ayres avait cessé depuis longtemps d'être effectif,* qu'il n'était plus » qu'un moyen détourné *de venir au secours de Montevidéo et qu'il avait* » *provoqué des protestations de la part des neutres,* notamment des Américains » du nord *et en dernier lieu du Brésil.* » C'est aussi de cette manière qu'il est devenu publiquement et officiellement notoire « *que le gouvernement Français,* » *dans ses rapports avec la Cour de Londres, a blâmé comme* un expédient » peu loyal, *ce même blocus qu'il a pratiqué pendant plusieurs années.* »

Assurément, si ces aveux n'étaient pas consignés au *Moniteur universel* comme ils le sont dans celui du 13 juillet 1848 (n° 195, 1ʳᵉ colonne, page 1636, paragraphes 14 et 19) j'hésiterais à les reproduire ; *mais ils sont là,* et ils resteront dressés dans le journal officiel *comme une protestation* qui confirme et surpasse en précision et en énergie toutes celles que j'ai déjà citées ; il est de la loyauté et de la dignité du pays de ne pas les laisser sans réponse ! Or, cette réponse ne peut consister que dans la remise en honneur des principes qui ont été si complètement sacrifiés dans toute cette affaire.

Le gouvernement de Sa Majesté Britannique ne pouvait donc pas refuser son appui aux propriétaires du *Fame*. Voici en quels termes il répondait, le 20 février 1849, à la demande d'assistance qu'ils lui avaient adressée :

« Après avoir dit : que le *Fame* NE POUVAIT ÊTRE JUSTEMENT CONDAMNÉ,
» COMME DE BONNE PRISE, QU'AUTANT QUE LE BLOCUS AURAIT ÉTÉ FAIT D'UNE MA-
» NIÈRE LOYALE (*Sic : fair*) ET IMPARTIALE, on ajoutait :

« .... Et, quant à la *partialité* et au *relâchement* avec lesquels ce blocus a été fait,
» l'opinion du Gouvernement de Sa Majesté *est que Monsieur le Consul Hood* EN DIT ASSEZ
» dans ses dépêches du 14 mars et du 16 avril derniers pour justifier des représentations
» au Gouvernement Français, en faveur des propriétaires Anglais du *Fame* et de son char-
» gement. En conséquence, le vicomte Palmerston a l'intention de donner, à ce sujet,
» les instructions nécessaires à l'Ambassadeur de Sa Majesté à Paris. En attendant, il est
» du devoir des parties intéressées de se pourvoir devant le Tribunal Supérieur des Prises
» à Paris (*le Conseil d'Etat*) et de produire à l'appui toutes les preuves nécessaires. »

Je suis en mesure d'affirmer que des représentations ont été faites à cette époque et qu'on y a *officieusement* répondu qu'*on pouvait être tranquille, que cela irait tout seul* (*sic*) : Je dis : *officieusement*, car, dans l'état où se trouvaient alors ces affaires, c'est-à-dire, tandis que le Conseil d'Etat en était saisi, le Ministère des Affaires Étrangères, même, ne pouvait pas exprimer son opinion *intime, consciencieuse*, à leur égard, d'une autre manière; *lui aussi* comptait tellement sur une décision favorable, qu'il disait au premier Secrétaire de l'Ambassade de S. M. B. : QUE CES AFFAIRES IRAIENT TOUTES SEULES ET QU'ON POUVAIT ÊTRE TRANQUILLE. — On sait ce qui est advenu, quoique de leur côté les Réclamants aient scrupuleusement obéi à la recommandation que leur faisait le Gouvernement de S. M. B., puisqu'ils n'ont rien négligé pour éclairer la religion du Conseil d'Etat. En effet, tous les vices de ce blocus lui ont été surabondamment démontrés; il a été incontestablement prouvé qu'il ne résultait des faits particuliers de la cause — *sainement et loyalement appréciés* — RIEN, ABSOLUMENT RIEN, qui pût justifier la capture de ce navire, et qu'on lui a fait subir ainsi, sans aucun motif valable, un traitement rigoureux, et d'ailleurs exceptionnel, puisque DES MILLIERS de navires de toutes nations, qui l'ont précédé et suivi dans la même voie, n'y ont pas été soumis. J'ai démontré aux pages 36 et 37 du premier Mémoire en Recours, qu'il fallait bien reconnaître que si le *Fame* a été capturé, c'est uniquement parce que sa mauvaise fortune a voulu « *qu'il fût l'un des rares navires qu'on prenait*, A PEINE UN » SUR DEUX CENTS, *pour donner au blocus une apparence de vérité!* » ainsi que l'ont dit formellement au Conseil d'Etat, les honorables avocats, défenseurs de plusieurs de ces Prises, et notamment celui du *Fame*. Néanmoins, la confiscation a été prononcée; « à l'occasion — disais-je dans le Mémoire en » Recours — d'un blocus qui a été réprouvé et stigmatisé de la manière la

» plus sévère et la plus solennelle par toutes les Diplomaties, par tous les
» gouvernements ET NOTAMMENT PAR CELUI DE LA FRANCE! Tout cela s'est fait
» AU MÉPRIS MÊME DE LA RAISON D'ÉTAT, ainsi que je l'ai prouvé d'une manière
» incontestable (pages 63 à 64.) »

Voici une nouvelle preuve de l'exactitude de mes assertions :

« DEPUIS le 11 FÉVRIER, JOUR DE LA CAPTURE DU *Fame, jusqu'au 29 du*
» *même mois, c'est-à-dire pendant les quelques jours qu'a duré le procès, et*
» *tandis que la Commission des Prises, à Montevideo, condamnait le Fame, sous*
» *prétexte de violation de ce blocus, ceux qui prétendaient le faire effectif,*
» *laissaient sortir du port de Buenos-Ayres* 155 *navires de toutes Nations;*
» *parmi eux se trouvaient six Brésiliens, deux Espagnols et un Américain*
» *du Nord!*

» Voilà pour LE CARACTÈRE DU BLOCUS, au moment même où l'on s'armait
» de toutes les rigueurs de la loi Française pour le faire respecter!

» Voici maintenant pour la PARTIALITÉ avec laquelle on appliquait ces ri-
» gueurs : *C'était le* 25 *février que l'on condamnait le Fame, sans avoir appelé*
» *le capitaine à se défendre.* Eh bien! LE 22 FÉVRIER ON RELAXAIT LA GOE-
» LETTE ARGENTINE « PAQUETE ARGENTINO », QUI TENTAIT ALORS POUR LA
» SECONDE FOIS DE SORTIR DU PORT DE BUENOS-AYRES, APRÈS AVOIR ÉTÉ PRISE
» ET RELAXÉE IMMÉDIATEMENT LORS DE SA PREMIÈRE TENTATIVE LE 17 DU MÊME
» MOIS; *il y a plus : depuis le* 16 *jusqu'au* 51 *mars suivant, c'est-à-dire, tandis*
» *qu'on* EXÉCUTAIT *le Fame pour être sorti de Buenos-Ayres,* LES CROISEURS
» FRANÇAIS LAISSAIENT PARTIR LIBREMENT DU MÊME PORT 40 NAVIRES DE TOUTES
» NATIONS ET ILS Y EN LAISSAIENT ENTRER 101; ET DANS TOUT LE MOIS DE MAI
» SUIVANT, LE MOUVEMENT *du port de Buenos-Ayres* était de 482 sorties et de
» 573 entrées de navires de toutes nations, SOIT 34 NAVIRES PAR JOUR !!!

Je possède LES PREUVES AUTHENTIQUES ET NOTOIRES DE TOUS CES FAITS !

Cette décision a causé, et à bien juste titre, la plus douloureuse surprise
tant en France qu'en Angleterre. On s'est accordé unanimement à trouver
incompréhensible l'erreur dans laquelle est tombé l'ancien Conseil d'Etat en
affirmant l'existence et la légitimité du Blocus, tandis que, par une simple
référence au *Moniteur officiel* du 13 juillet 1848, qui était à la portée de
tous, il aurait pu voir que le Gouvernement, auteur naturel et direct de ce
Blocus, avait dit formellement le contraire; *car cet aveu est là*, je le répète, et
reste acquis à la cause d'une manière d'autant plus incontestable qu'il s'adresse
à des *faits* et non à des abstractions.

Les réclamants, forts de la conscience de leur droit, ont adressé une Requête

— 8 —

à l'Empereur aux fins d'obtenir la révision de leur cause et la réparation qui leur est due. Ils ont aussi sollicité de nouveau l'appui du gouvernement de S. M. B., et il leur a été accordé ainsi que l'annonce la lettre suivante :

FOREIGN OFFICE.
Londres, 21 juin 1853.

Messieurs Wright et Parlane et C.ᵉ, Manchester.

MESSIEURS,

« Conformément aux ordres du comte de Clarendon, je vous accuse réception de votre
» lettre du 15 courant et vous informe que sa Seigneurie va donner des instructions à
» l'ambassadeur de Sa Majesté à Paris, pour appuyer autant qu'il le pourra, la demande
» que vous avez adressée au Gouvernement Français pour obtenir la révision du jugement
» de la Cour supérieure des prises, à Paris, dans l'affaire de votre navire *The Fame*. »
J'ai l'honneur d'être, etc., etc.

Signé, H.-A. ADDINGTON.

C'est le 29 mai de l'année dernière que ce recours a été institué, et il n'est pas inutile de faire remarquer que c'est par la copie que S. E. M. l'ambassadeur d'Angleterre a bien voulu joindre à sa haute recommandation, que le gouvernement Français s'en est trouvé saisi ; car il paraît que la requête qui avait été envoyée directement au ministère d'Etat s'est égarée. Au commencement d'octobre l'affaire a été renvoyée à son excellence M. Baroche, président du Conseil d'Etat, pour en faire le rapport à l'Empereur. Voici une lettre qui a été écrite par ordre de son Excellence, pour m'être communiquée et dont l'original a été présenté au gouvernement de Sa Majesté Britannique

Conseil-d'État. — Cabinet du Président.

Paris, le 26 Octobre 1853.

« MONSIEUR,

» J'ai l'honneur de vous informer que Son Excellence le Président du Conseil-d'État,
» qui a reçu de nombreux documents relatifs à la prise du navire Anglais *The Fame*,
» capturé dans les eaux de la Plata, désire être saisi par une pièce régulière, c'est-à-dire,
» par un Recours qui serait formé d'après le mode en usage et qui serait de nature à résu-
» mer d'une manière succinte et concluante les prétentions de Monsieur Bellemare, lequel
» aurait à joindre à ce recours régulier et manuscrit le Mandat qu'il a reçu des pro-
» priétaires du navire dont il s'agit, à l'effet de les représenter dans le Recours qu'ils
» entendent adresser à l'EMPEREUR.

» Je ne saurais trop insister, Monsieur, sur la nécessité de conclure d'une manière
» précise.............................. aussitôt que ce Recours sera
» parvenu à Son Excellence le Président du Conseil-d'Etat, cette affaire suivra son cours
» légal et régulier.

» Recevez, Monsieur, l'assurance de ma considération la plus distinguée. »

Le Chef du Cabinet,
Signé, HUDAULT.

Je me suis conformé exactement au désir exprimé dans cette lettre, et le 21 novembre dernier, *une Requête aussi succincte* que possible, et résumant celle du 16 mai précédent, ainsi que tous les moyens développés, a été formellement déposée avec toutes les pièces à l'appui. Cette requête conclut :

A CE QU'IL PLAISE A L'EMPEREUR :

« Rapporter le décret du 12 juin 1850 qui déclare valide la prise du *Fame*,

» ET PAR VOIE DE CONSÉQUENCE :

» Ordonner la restitution pleine et entière des propriétés capturées *ou à* » *défaut de ce*, que les Réclamants soient *justement indemnisés* pour *les pré-* » *judices que cette capture et ses suites leur ont occasionnés.* (*) »

(*) Voici une lettre qui donnera une juste idée de la valeur réelle de ces propriétés — l'original de cette lettre est joint à la requête du 15 novembre.

Manchester, 8 novembre 1853.

Monsieur Alfred G. Bellemare, à la Chartreuse, (près Pau.)

CHER MONSIEUR,

Nous avons le plaisir de vous remettre sous ce pli divers documents pour établir la valeur *entière et bona-fide* du brick anglais *The Fame* et de sa cargaison, au moment de leur saisie, (*seizure*) ces pièces consistent en :

1° L'évaluation du chargement au port de destination......	6,155—11—10—liv. stg.	
2° Copie de la police d'assurance *sur le navire* et nous déclarons que nous n'avons reçu aucune indemnité......	1,200—1—1	
3° Compte de fret établi d'après les prix payés au brick *Océan Queen* affrété à la même époque ainsi qu'il est certifié......	855—9—9	
4° Compte des frais et débours que nous avons faits et payés par suite de la capture......	161—4—7	
SOIT EN TOUT......	8,652—5—2 liv. sterl.	

que vous voudrez bien réclamer *intégralement* du Gouvernement Français.

Et en ce qui touche les dommages et intérêts, nous vous prions d'exprimer notre confiance dans l'équité de *Sa Majesté l'Empereur*, de la manière que vous le faites, dans la requête que vous allez lui présenter en notre nom.

Nous sommes, cher Monsieur, vos très-obéissants serviteurs et amis.

Signés, WRIGHT FARLANE ET C.e

Il est bon de faire remarquer que ces propriétés qui valaient réellement plus de 200,000 fr. (en capital) au moment de la capture, ont été sacrifiées pour 83,000 fr., *nonobstant les protestations du capitaine et celles des Réclamants et leur offre de donner caution, pour éviter cette perte énorme ; offre que la loi française les autorisait à faire et qui aurait dû être acceptée.*

C'est en conséquence, de ce refus injustifiable à tous égards, que je disais dans une note relative à l'indemnité et jointe à la requête du 15 novembre :

« *La perte qu'on ferait éprouver aux Réclamants, en ne leur rendant que le produit de la vente* » *forcée, est incontestablement le fait de l'Autorité Française à Montevidéo, qui n'a pas observé la* » *Loi Française quand elle pouvait, quand elle devait le faire, et surtout quand on lui demandoit* » *légalement de le faire* » en un mot, cette perte de plus de cent vingt mille francs, en *capital*, indépendamment de tous dommages et intérêts, provient uniquement et évidemment *d'une violation de la Loi Française* commise par les Représentants du Gouvernement Français à *Montevidéo*; C'EST LA LE POINT CAPITAL de cette partie de la question ; *car, s'ils eussent agi autrement, ces 120,000 francs se trouveraient aujourd'hui dans les caisses de l'Etat !*

2

Parmi les pièces annexées à la requête se trouvent DEUX CONSULTATIONS DE DROIT délibérées et signées à Paris par *quatre avocats au Conseil d'Etat et à la Cour de Cassation*. La première, du 24 juin 1853, établit *incontestablement le bien fondé du Recours et surtout sa* RECEVABILITÉ; elle conclut ainsi :

EN RÉSUMÉ, *les Conseils soussignés estiment que le Recours dont il s'agit* EST AUSSI JUSTE QUE BIEN JUSTIFIÉ, QU'IL EST PARFAITEMENT RECEVABLE, *et qu'il doit être favorablement accueilli*; Que la prise de ce navire a été maintenue CONTRAIREMENT AUX PRESCRIPTIONS DE LA LOI FRANÇAISE et aux principes les plus incontestables du Droit International. JUSQU'A PRÉSENT, LES FORMES ONT ÉTÉ VIOLÉES ET LES PRINCIPES DE DROIT MARITIME FRANÇAIS ET DE DROIT INTERNATIONAL MÉCONNUS DANS CETTE AFFAIRE. *Saisi aux termes de l'article* 40 *du décret de* 1806 ET MIEUX INFORMÉ *qu'a pu l'être l'ancien Conseil d'Etat*, L'EMPEREUR, *voudra sans doute réviser la décision du* 12 *juin* 1850 ET ORDONNER LA RESTITUTION DU BRICK *The Fame.*

DÉLIBÉRÉ à Paris, le vingt-quatre juin mil huit cent cinquante-trois.

La seconde *Consultation de Droit*, établissant *l'illégalité de la Vente de la Prise*, est du 17 *décembre dernier*, en voici le préambule :

« *Les Avocats au Conseil d'Etat et à la Cour de Cassation, soussignés*;

» Vu un Mémoire imprimé en 1853, à Pau, par Vignancour, intitulé : » QUESTION INTERNATIONALE. — RECOURS A S. M. L'EMPEREUR, etc., et signé » au nom des propriétaires et chargeurs du brick *The Fame*, par M. Bellemare, » demeurant à la Chartreuse, près Pau, page 22 et suivantes;

» Vu un second Mémoire imprimé par le même, intitulé REQUÊTE SOMMAIRE » A S. M. L'EMPEREUR. — MOYENS, CONCLUSIONS, et signé également par M. » Bellemare, page 17, et suivantes;

» ONT ÉTÉ D'AVIS DES RÉSOLUTIONS SUIVANTES:

» 1.° La vente du brick capturé *the Fame* a été effectuée *contrairement* aux » règles de la matière et en violation des articles 80 et 81 de la loi du 2 prai- » rial an XI.

» Elle a eu lieu, en effet, avant le jugement de bonne prise qui devait être » prononcé par le Conseil d'Etat, et cela, nonobstant l'opposition que le capi- » taine y fit à la date du 25 février 1848 et la réclamation de la cargaison, » que les armateurs du navire adressèrent, avec offre de caution, le 13 mars » suivant. »

Depuis lors, les Réclamants attendent la solution avec une impatience as- surément bien naturelle — car, ainsi que je le disais dans mon travail du 8 octobre dernier, — intitulé, *«Phase de l'assistance diplomatique»* — et en voyant le silence absolu dans lequel on se renfermait envers eux, depuis la présentation de la requête du 16 mai 1853 :

« On regrette profondément le retard apporté à la solution attendue. Le Gouvernement
» Français en possède depuis bien longtemps tous les éléments et notamment cette cor-
» respondance et ces Instructions MINISTÉRIELLES dont le *Moniteur* du 13 juillet 1848 con-
» tient des extraits officiels qui dominent, par leur teneur et par leur *signification si pré-*
» *cises* toutes ces questions et les résolvent péremptoirement. Ne semble-t-il pas que lors-
» qu'on a à examiner les conséquences d'un acte qui a été qualifié officiellement *d'expédient*
» *peu loyal* par ses auteurs mêmes, l'examen et le rapport doivent se trouver simplifiés ?

» Nous ne savons pas ce qui précède cet aveu ni ce qui le suit dans le document officiel
» qui le contient ; mais, ce que nous savons, c'est *qu'on ne peut pas en atténuer la portée ;*
» car, il est impossible de justifier la déloyauté avouée d'aucun acte ; or, ici elle ne résulte
» pas seulement des paroles du Gouvernement, qui a été LE PREMIER à le signaler offi-
» ciellement, elle résulte d'une manière non moins évidente, de tout ce qui se rattache à
» ce prétendu blocus.

» D'ailleurs, voilà cinq ans que les Réclamants souffrent ; *voilà cinq ans qu'on leur a*
» *pris* ILLÉGITIMEMENT *ce qui leur appartient légitimement ; leur maison est en liquidation ;*
» tout leur fait donc désirer d'obtenir une solution favorable ; et ils s'en expliquent si diffi-
» cilement le retard, qu'ils craignent que Sa Majesté l'Empereur n'ait pas été mise à même
» d'accorder à cette affaire, cependant si grave à tous les points de vue possibles, quelques
» moments de cette haute attention, de cette sollicitude si éclairée, dont ils ont demandé
» la gracieuse faveur ; car, si elle eût été accordée, ils tiennent pour certain que Sa Majesté
» Impériale aurait déjà ordonné que justice *fût immédiatement rendue.* »

La confiance des Réclamants dans l'équité de l'EMPEREUR est toujours la même. Ils l'expriment de nouveau dans leur lettre du 16 de ce mois ; cette confiance tempère la crainte qu'ils éprouvent relativement aux *conclusions du Rapport.* Cette crainte, qui ne porte aucune atteinte à leur profond respect pour son excellence Monsieur le Président du Conseil d'État, provient principalement du refus absolu que M. le Ministre de la Marine a opposé à la demande que j'ai eu l'honneur de lui adresser au mois de mai dernier, pour qu'il daignât différer la distribution de l'argent de ces prises. J'écrivais cette lettre en conséquence de l'avis suivant, que je venais de recevoir de Paris, de source certaine ; en voici la copie :

Paris, 3 mai 1853.

« Le Ministre de la marine ne compte plus sur un arrangement diplomatique dans la
» Plata aux termes duquel il y aurait lieu de restituer les prises ; il songe, en conséquence,
» à faire une distribution des sommes provenant des ventes.

» C'est un acte préjudiciable à votre recours ; *il faut y mettre obstacle. Je vous conseille*
» *d'y aviser.* »

J'avais donc écrit dans ce but à monsieur le Ministre de la marine en me fondant sur *l'institution du Recours,* et en faisant ressortir tout l'intérêt qu'il y avait pour l'État à ne pas dessaisir le trésor de sommes qui serviraient à rendre *moins onéreuse et conséquemment plus facile*, la réparation demandée; réparation *dont le refus*, disais-je dans le mémoire du 8 octobre dernier, *ne serait justifié par le respect d'aucun principe, ni par le sentiment d'aucun Droit. « Nous » n'avons d'adversaire persistant, ajoutais-je, que dans le Ministère de la Marine; » je connais parfaitement les principaux argumens dont il se sert, car, ce sont en- » core et toujours les mêmes que ceux qu'il m'opposait en 1842, dans des récla- » mations où, malgré cette opposition, j'ai obtenu que justice fût rendue.*

« CE SERAIT, *disait-il*, FAIRE INJUSTICE AUX ÉQUIPAGES DE LA FLOTTE ET LES » DÉCOURAGER, QUE DE NE PAS LEUR DISTRIBUER L'ARGENT DES PRISES FAITES PAR » EUX. » « *On ne saurait dire rien de plus juste quand il s'agit de prises léga-* » *lement faites, à l'occasion d'un Blocus réel et légitime; mais, on ne saurait* » *prétendre qu'il en soit ainsi quand il s'agit de prises illégalement faites à l'oc-* » *casion d'un Blocus* OFFICIELLEMENT RECONNU POUR AVOIR ÉTÉ TOUT LE CON- » TRAIRE; *en effet, ce qui dans le premier* cas est la récompense d'un service » honorable et utile, peut être considéré, dans *le second, comme une prime* » *et un encouragement accordés à la violation du Droit des Gens.*

» VOUS ALLEZ, *disait encore M. le Ministre de la Marine*, « VOUS ALLEZ ÉTABLIR » DES PRÉCÉDENTS DANGEREUX POUR L'INTÉRÊT DU TRÉSOR DANS UNE QUESTION QUI » COUTE DÉJA TANT DE SACRIFICES A LA FRANCE. »

Ici, encore, la réponse est facile, en évitant la confusion des questions; et d'abord les précédents qu'il faut craindre d'établir sont ceux d'aucune violation du Droit des Gens, sans qu'elle soit suivie de réparation; car, si on établit de pareils précédents, la réparation ne constitue pas un précédent; c'est la consé- quence nécessaire de la violation; et il faut savoir l'accepter avec le sentiment qui rehausse cette réparation. Que si l'on voulait persister à dire qu'elle devient un précédent, empressons-nous de reconnaître qu'il est honorable et salutaire; et que, comme tel, on ne doit pas hésiter à en parer le recueil de nos lois, *qui ont consacré les principes de la loyauté Française, et veulent que, toujours déployée par le gouvernement de la France, elle serve de base aux décisions dans lesquelles il intervient.* (Décision du 13 ventôse an 9.)

Néanmoins, Monsieur le Ministre de la Marine a répondu *officiellement* à ma demande par un refus *conçu dans les termes les plus absolus*; c'est surtout ce refus qui a porté le doute et l'inquiétude dans l'esprit des Reclamants ainsi que dans celui des hommes éminens dont les vœux sont acquis au triomphe des principes qui se trouvent en cause dans cette affaire — doutes bien profon- dément affligeants!

C'est ici que je puis enfin dire que le sentiment qui me guide dans l'accomplissement de cette nouvelle tâche, n'est pas seulement celui du devoir qui m'oblige — ainsi que je l'ai déjà exprimé — à démontrer la justice et l'importance de cette cause, chaque fois que l'occasion s'en présente. — J'agis aussi dans la pensée patriotique de dissiper, autant que possible, ces doutes si regrettables à tous égards. Pour mieux y parvenir, il m'a semblé indispensable de bien préciser l'état dans lequel se trouve cette affaire, surtout pour les personnes qui n'ont pas lu les mémoires précédents — en réunissant dans un cadre aussi restreint que possible toutes les choses essentielles qui s'y trouvent disséminées.

C'est de cette manière que je puis faire mieux ressortir LA LOYAUTÉ ET LA CORDIALITÉ de l'intention qui a présidé au renvoi de cette réclamation à nouvel examen — car, sa justice est tellement évidente qu'on n'a pas dû se dissimuler qu'il aboutirait *nécessairement* à l'annulation du décret de confiscation du *Fame*. — En effet, il paraît impossible de le laisser subsister en face des aveux consignés au *Moniteur* du 13 juillet 1848, puisqu'ils mettent à néant d'une manière IRRÉMÉDIABLE et *péremptoire* tous les motifs qui servent de base à ce décret. — D'ailleurs, est-il dit dans la requête sommaire, « *dans une affaire* » *où les* QUESTIONS FONDAMENTALES *sont posées si nettement et par de si* » *Hautes Autorités,* l'ÉQUITÉ SOUVERAINE *ne saurait être arrêtée dans ses* » *inspirations, par aucune considération !* »

Il est bien évident que c'est précisément au moment où la France va s'engager dans une guerre qui a pour but la vindication des principes violés, c'est précisément à ce moment qu'il semblerait plus illogique et plus contradictoire que jamais, de laisser subsister, dans une réclamation *pendante depuis si long-temps, et appuyée par un Gouvernement ami,* une décision qui implique la négation la plus absolue des principes généraux de la neutralité en matière de Blocus et de prises maritimes, principes que tous les gouvernements civilisés déclarent, de concert, vouloir maintenir aujourd'hui plus fermement que jamais.

Je le répète, ces considérations si justes et si puissantes ne permettent pas de supposer que la solution à intervenir puisse être défavorable; et, d'ailleurs, disais-je dans le mémoire annexé à la requête, de quoi s'agit-il ici? De quelques centaines de mille francs !!!

» Voudra-t-on sacrifier à cet intérêt matériel, d'ailleurs si infime pour la » France, comme question d'argent, voudra-t-on lui sacrifier la remise en honneur » de ces principes qu'on a violés dans toute cette affaire; intérêt bien autrement » précieux pour le présent et SURTOUT POUR L'AVENIR?

» Objectera-t-on que le Trésor public ne peut pas rendre ce qu'il n'a plus,

»ce qu'on a déjà distribué ou ce qu'il n'a pas reçu, et qu'il faudra le pré-
»lever sur l'argent public?

» Il me semble qu'on ne peut faire cette objection sans se méprendre com-
»plètement sur l'intérêt véritable et prépondérant de la France dans la solution
»que je poursuis; mais, si l'on y persistait, je porterais la question sur le terrain
»de la *réciprocité* et de l'analogie, et je demanderais. Est-ce que le trésor du
»Brésil avait reçu tout ce que nous lui avons fait payer en 1828 sous LA MENACE
»D'UN BOMBARDEMENT DANS UN CAS ANALOGUE *et beaucoup moins grave que*
»*celui-ci?* (*) Est-ce que le Trésor des États-Unis avait reçu tout ce qu'il vient de
»nous payer SOUS L'INVOCATION DE LA JUSTICE ET DE LA LOYAUTÉ INTERNATIONALES
»dans une question *seulement* de *saisies douanières?* (**)

(*) Voici le préambule de cette convention :

» Sa Majesté l'Empereur du Brésil, voulant concilier, d'une part, le respect dû aux lois et formes
» judiciaires qui régissent l'Empire, avec ce que, de l'autre, PRESCRIT L'ÉQUITÉ en *faveur des Récla-*
» *mants ou personnes lésées* PAR SUITE DE LA CONDAMNATION DÉFINITIVE qui a été prononcée contre ces
» bâtiments et leur cargaisons.

» Et, désirant en même temps donner à Sa Majesté Très-Chrétienne une preuve non équivoque du
» prix qu'il attache à sa fidèle amitié et à sa puissante alliance, etc., etc., etc. »

Voici maintenant deux des articles principaux :

Art. 1er. « Le Gouvernement du Brésil s'oblige et s'engage à payer au Gouvernement Français en in-
» demnité des pertes causées à ses sujets, *la valeur des coques, agrès et cargaisons* des navires
» Français qui ont été saisis et capturés par l'escadre de la rivière de la Plata ET DÉFINITIVEMENT CON-
» DAMNÉS par les *Tribunaux du Brésil.*

. . . .

» Art. 3. A la valeur de l'indemnité, qui sera liquidée pour chaque bâtiment, sera ajouté, à *titre*
» *de dommages et intérêts,* un intérêt de 9 *pour cent par an à partir d'un mois après la capture*
» *jusqu'aux époques ci-dessous fixées pour les paiements;* et au montant total des indemnités qui se-
» ront liquidées pour les *cargaisons, fret, dépenses et debours extraordinaires occasionnés par la*
» *capture sera ajouté à titre de dommages et intérêts, un intérêt de 3 pour cent par an à partir*
» *de six mois après la capture jusqu'aux dites époques.* »

Mais ces indemnités ne sont pas les seules dont la France a exigé le paiement pour des saisies
illégales de navires Français en pays étrangers.

(**) Voici, en effet, ce qu'on lit dans le Rapport de M. Drouyn de Lhuys, du 31 Janvier dernier,
à S. M. l'Empereur sur les *Affaires Diplomatiques* pour 1855 :

. . . .

« Il a de plus été obtenu pour les questions suivantes *une solution* à laquelle *il était important*
» *d'arriver* : *réclamation d'indemnités élevée auprès du gouvernement des États-Unis, à raison des saisies*
» *de la douane de San-Francisco. La somme des indemnités payées jusqu'au 1er janvier 1854, par le*
» *gouvernement fédéral, a été de 766,000 fr.,* dont la répartition s'est faite *entre les armateurs et*
» *chargeurs de navires.*

» Il serait certainement à jamais regrettable, disais-je dans le travail que j'ai publié à cette occasion,
» le 4 février dernier, il serait à jamais regrettable, qu'on pût dire que la France se fait allouer in-
» flexiblement des indemnités comme celle dont il s'agit, et qu'elle se refuse à en accorder quand
» on lui en demande, quelle que soit l'évidence du droit des réclamants et celle de l'analogie des
» circonstances d'où sont nées leurs réclamations. »

— 15 —

» Je ne m'arrête pas davantage sur cette objection ; le Gouvernement Français
» *dans sa loyauté, sera le premier à la repousser* ; car, MIEUX ET PLUS AMPLEMENT
» INFORMÉ, il ne voudra pas qu'une sanction Suprême confirme définitivement le
» sacrifice des maximes et des traditions de la France, en vue d'un intérêt exclu-
» sivement pécuniaire ! Cet intérêt, d'ailleurs si minime, serait, en effet, le seul
» auquel on pût attribuer une solution négative. »

Encore une fois, on ne saurait douter que les principes qui ont été si complètement oubliés dans toute cette affaire, ne soient remis en honneur d'une manière *complète* et *pratique* par la décision à intervenir.

Cette Décision sera considérée comme un acte de Justice et de fermeté, plus
indispensable dans les circonstances actuelles que dans toute autre ; et elle sera
saluée comme telle par le Commerce en général, et surtout par celui de la
Grande-Bretagne, qui l'acceptera aussi comme un nouveau gage de cordialité.

Je ne saurais terminer cette note sans exprimer de nouveau le vif regret que
j'éprouve d'être obligé de poursuivre cette affaire dans les circonstances actuelles ; mais qu'on veuille bien me permettre de constater ici un fait qui, bien
compris, s'opposera chez tout homme juste et consciencieux, à ce que la con-
cordance de ce Recours avec ces événements, devienne l'objet de commentaires blessants pour les sentiments de cordialité et pour le patriotisme de ceux
qui interviennent dans ce Recours de quelque manière que ce soit ; ce
fait consiste en ce que l'affaire du *Fame* se trouve posée comme une grave et
importante question de Droit International depuis le mois de février 1849,
époque à laquelle le Gouvernement de Sa Majesté Britannique a jugé qu'il
était juste et nécessaire d'adresser des représentations au Gouvernement Français relativement à la Prise de ce navire, pour les motifs qui sont si clairement
énoncés dans la lettre écrite aux Réclamants par ordre du *Foreign-Office*,
(page 6) et c'est le 16 mai dernier que le RECOURS A L'EMPEREUR a été institué ;
ces dates seules rendent inutile tout commentaire.

D'ailleurs, n'est-il pas évident que l'administration de la justice, et surtout
la solution des questions d'*équité internationale*, doivent rester complètement
en dehors des événements politiques ! Nous aurions cru faire injure aux sentiments du Gouvernement Français et à ceux de tous les hommes jaloux de
la dignité du Pays, en leur supposant des pensées contraires !

« Ce n'est à aucune des personnes qui sont engagées dans cette affaire,
écrivais-je tout récemment à S. Exc. M. le Ministre des Affaires Étrangères,
» qu'on doit en vouloir ici, mais bien à l'erreur qui a été commise *malgré tout*
» ce qu'on a fait pour la prévenir. C'est surtout aux *irrégularités* (*pour ne*
» *pas dire plus*), qui ont été commises par les agents de la France dans la

» Plata, c'est à ces irrégularités qu'il faut s'en prendre»; et je ne saurais assez le redire, elles ont été signalées par *toutes les Diplomaties*; et *le Gouvernement Français les a reconnues et avouées d'une manière catégorique et entièrement IRRÉMÉDIABLE autrement que par une réparation juste et digne.*

Il faut bien se garder de douter que cette réparation soit accordée; et bientôt elle sera citée, du haut de toutes les tribunes parlementaires de l'Europe et de l'Amérique, et notamment du haut de celles de la Grande Bretagne, et chaque fois que l'occasion se présentera de traiter ces grandes questions, comme une preuve de la sincérité de ces paroles Impériales du 14 février 1853 :

« LE GOUVERNEMENT FRANÇAIS A LA FERME VOLONTÉ D'ENTRE-
» TENIR LOYALEMENT LES RAPPORTS INTERNATIONAUX. »

Le moindre doute à cet égard serait une injure et ce ne sera certes pas nous qui la ferons au Gouvernement de Sa Majesté Impériale!

La Chartreuse, le 20 mars 1854.

A.-G. BELLEMARE.

DEUXIÈME PARTIE

DÉCLARATION DE NEUTRALITÉ DES PUISSANCES MARITIMES.

Le 26 janvier dernier, j'ai publié sous le titre de :

LA CONFISCATION DU BRICK ANGLAIS *THE FAME*

ET LA DÉCLARATION DE NEUTRALITÉ DES PUISSANCES MARITIMES,

une NOTE dont je crois devoir reproduire ici quelques passages. En voici d'abord le préambule :

« Dans mon *Mémoire* intitulé PHASE DE LA RÉVISION, j'ai dit : (*) que LES CIRCONSTANCES
» ACTUELLES de l'Europe donnaient à la question d'Équité et de Droit International qui se
» trouve posée dans cette affaire, une gravité qu'on ne saurait méconnaître. »

» Un fait considérable et d'une grande importance politique vient de confirmer cette assertion ; il consiste dans la nouvelle consécration que les principes du Droit International en matière de *blocus maritimes* viennent de recevoir par la DÉCLARATION DE NEUTRALITÉ du Danemarck (**).

» Voici, en effet, ce qui s'y trouve énoncé à cet égard :

» 5° Les rapports commerciaux de S. M. le Roi avec les pays belligérans seront maintenus dans toute leur étendue ; néanmoins, les navires marchands seront toujours tenus de se soumettre aux RÈGLES GÉNÉRALEMENT OBLIGATOIRES ET RECONNUES DANS LE CAS D'UN BLOCUS DÉCLARÉ ET EFFECTIF (***). Voilà les

---

(*) Pages 16 et 22.

(**) *Moniteur Universel*, du 25 janvier 1854.

(***) Pour faire bien comprendre l'importance morale et politique de cette partie de la Déclaration, je ne saurais mieux faire que de citer l'opinion du célèbre et savant publiciste, commentateur de Vattel (page 113, vol. 3, note sur le paragraphe 117) :

« Les principes que nous avons établis dans la note précédente au sujet des visites sur mer, sont
» encore ceux qui régissent l'état de blocus ou de siège. Cet état suppose l'emploi d'une force suffi-
» sante pour empêcher toute communication et en abréger la durée ; une fois admis que l'assiégeant est
» à même d'interdire toute communication avec le dehors, la place ne peut tenir qu'autant que pourront
» durer les moyens de défense ou de subsistance qu'elle renfermera.

» S'il arrivait donc qu'un blocus se prolongeât au-delà de cette durée, qu'on peut toujours calculer
» approximativement, cela seul prouverait que l'assiégeant ne tient pas la place rigoureusement bloquée,
» et dès-lors il ne peut pas défendre aux uns ce qu'il ne veut ou ne peut défendre aux autres. Par ce
» seul fait, sa prétention deviendrait une affaire de caprice d'autant moins tolérable qu'il serait ridicule. »

En vérité, je ne saurais citer, non plus, rien qui s'appliquât mieux ni plus exactement au blocus en question que ce commentaire qu'on dirait avoir été fait en vue de l'état de choses que nous avons maintenu pendant si long temps dans la Plata au détriment des intérêts de tous sans exception aucune ; et c'est justement là que se trouve le mot de cette énigme qu'on a si long-temps et si vainement cherché, c'est-à-dire l'explication de la prolongation extraordinaire de cette phase de la question de la Plata, dite *Phase de l'Intervention.*

principes généraux de la neutralité que le Roi de Danemarck a cru devoir adopter pour le cas où une guerre éclaterait en Europe. *Le Roi se flatte qu'ils seront reconnus conformes au Droit International, et que leur application* FRANCHE ET LOYALE *mettra S. M. en état de continuer avec les Puissances amies et alliées, les rapports qu'elle tient si vivement à conserver dans l'intérêt de ses sujets.*

» (Cette Déclaration porte le titre d'un projet de Note adressée par le Ministre des Affaires Etrangères aux Ministres du Roi auprès des Cours étrangères pour la communiquer aux Puissances suivantes : Autriche, France, Grande-Bretagne, Russie, Prusse, Turquie, Belgique, Pays-Bas, Espagne, Portugal, Deux-Siciles, Sardaigne, Hanovre, Oldenbourg, Toscane, Mecklenbourg-Schwerin et Strélitz, Lubeck, Hambourg, Brême. Etats-Unis et Brésil.)

» Cette consécration des principes du Droit des Gens, invoqués par les sujets de Sa Majesté Britannique, propriétaires du navire *The Fame*, si indûment confisqué (*) est on ne peut plus solennelle, non seulement en ce qu'elle émane d'un des états les plus respectables de l'Europe. mais encore parce que la grande majorité des Puissances Maritimes, et notamment celles du Nord, y ont adhéré ; et on peut affirmer que si quelqu'une d'entr'elles

---

(*) Qu'il me soit permis de placer ici des extraits de deux lettres de mes honorables Conseils ; on les lira sans doute avec intérêt ; car, on sentira que les opinions qui s'y trouvent exprimées viennent du cœur et de la conscience :

Paris, le 5 Juin 1855.

Cher Monsieur,

1° Votre Mémoire pour le *Fame* est clair, complet ; tous les Principes que vous y posez sont incontestables, et les conséquences que vous en tirez sont rigoureusement logiques. J'ai foi dans votre cause ; elle est juste et morale. Je crois à votre Droit. Je serais juge, que je vous donnerais gain de cause ; je vous parle en toute conscience.

. . . .

Signé, B.
Avocat au Conseil d'Etat et à la Cour de Cassation.

Paris, 15 Octobre 1855.

2° J'approuve sans réserve la nouvelle position que vous avez prise dans l'instruction de votre Recours concernant la prise du *Fame*.

La nouvelle phase (*celle de l'assistance Diplomatique*) dans laquelle vous engagez cette affaire, est celle qui, je l'espère, vous conduira au but. Vous avez très bien fait de reléguer sur un plan secondaire toutes les arguties de fin de non-recevoir ou de chose jugée empruntées au Droit civil. Ce n'est pas le Droit civil qui doit régir cette affaire, mais le Droit International, c'est-à-dire *l'Equité*. Qu'importe à un Gouvernement étranger, quand un de ses Nationaux a été lésé, qu'on lui oppose des Décisions du Conseil d'Etat ou autres ? Il est fondé à réclamer réparation tant qu'il ne lui est pas démontré à lui-même que ce qui a été fait, l'a été conformément au Droit, et au Droit de tous, c'est-à-dire au Droit des Gens. Or, dans l'espèce, comment l'Angleterre même, après la Décision du Conseil d'Etat, pourrait-elle reconnaître la légitimité de la prise du *Fame*, puisque le seul fait qui puisse la justifier, à savoir : *la réalité du Blocus* a fait défaut dans la circonstance, et cela *de l'aveu même du Gouvernement Français* ; c'est toujours là qu'il faut revenir ; et j'applaudis, quant à moi, à l'insistance que vous mettez au rappel de ce point si important.

Mais, quelques efforts que vous fassiez, je crois toujours que ce ne serait pas assez de l'autorité de vos démonstrations pour arriver au but ; *l'appui de la Diplomatie vous est indispensable* ; or, c'est maintenant surtout qu'il faut l'invoquer, puisque l'affaire vient d'être envoyée à Monsieur Baroche, probablement en sa double qualité d'ancien Ministre des Affaires Etrangères et de Président du Conseil d'Etat.

. . . .

Signé, L., *avocat au Conseil d'Etat.*

hésite encore à le faire, c'est uniquement parce qu'elle considère, ainsi que le disait dernièrement un journal officiel des Pays-Bas, que :

« *Le Droit des Etats neutres, garanti par le Droit des Gens et reconnu par tous les peuples civilisés, doit être considéré comme placé à l'abri de toute atteinte.* »

» C'est en face de cette Déclaration, ajoutais-je, que toutes les questions qui se rattachent à l'affaire du *Fame*, se trouvent aujourd'hui posées; et c'est au moment où les principales Puissances Maritimes de l'Europe et même de l'Amérique, se concertent pour maintenir les principes généraux du Droit International qui régissent ces matières, c'est précisément à ce moment que le Gouvernement Français est appelé à réparer l'oubli si regrettable qu'on en a fait dans *toute l'affaire du Fame.*

« On ne doit donc pas douter qu'il ne voie dans cette coïncidence un puissant motif pour donner à cette question une solution favorable. »

Sa Majesté l'Empereur y verra surtout l'occasion de remettre *pratiquement* en honneur ces principes, aujourd'hui si généralement et si solennellement invoqués, car la France s'était toujours fait un devoir et un honneur de donner la première entre toutes, l'exemple de leur respect.

Voici en quels termes Monsieur le comte Molé les rappelait, le 17 mars 1838, au nom de la France (il était alors Ministre des Affaires Etrangères), dans une note relative au *premier Blocus* que nous venions d'établir devant Buenos-Ayres et que nous avons maintenu effectif et légal, de 1838 à 1840 :

« *Tout blocus* POUR ÊTRE VALABLE ENVERS LES NEUTRES, *doit avoir été notifié et* ÊTRE EFFECTIF.

L'Angleterre les professe aussi! Voici une déclaration de lord Palmerston à la Chambre des communes, le 9 août 1848, relativement à l'attitude de l'Angleterre envers le dernier Blocus de certains ports de la confédération Germanique par le Danemarck, qui ne laisse aucun doute à cet égard :

« La seule chose que les navires de guerre Anglais qu'on nous demande d'envoyer dans » la Baltique auraient à y faire, serait de veiller à ce que le blocus en question fût mis à » exécution d'UNE MANIÈRE CONFORME AU DROIT INTERNATIONAL ! »

(*D'où il résulte que l'Angleterre, non-seulement professe ces Principes, mais encore qu'elle veut les faire respecter, au besoin, par la force*). Extrait des Rapports ou Annales Parlementaires de Hansard, vol. C. — 3ᵐᵉ Série. — Page 1315.

(Lord Palmerston était alors ministre des affaires étrangères.)

Et, en ce qui touche les maximes des publicistes, qu'il me soit permis de citer ici un auteur fort estimé en Angleterre et aux Etats-Unis; en voici le texte anglais :

« *There is no blockade, for the violation of which confiscation may be legally applied* UNLESS IT BE EFFECTIVE, AND MAINTAINED BY NAVAL FORCES ADEQUATE TO THE NATURE OF THE PLACE. »
« JAMES REDDIE, HISTORICAL AND CRITICAL NOTES UPON INTERNATIONAL MARITIME LAW. — *Sect.* 2ᵉ *page* 16.

En voici la traduction aussi littérale que possible :

« *La confiscation ne saurait être légitimement appliquée pour la violation d'aucun blocus,* » *qu'autant que celui-ci soit* EFFECTIF ET FAIT AVEC DES FORCES NAVALES EN RAPPORT AVEC » LA NATURE DE LA PLACE BLOQUÉE.

(*James Reddie, notes historiques et critiques du Droit Maritime International.* — Sect. 2, page 16.)

A toutes les preuves que j'ai déjà données de la violation de ces principes dans la Plata, j'en ajouterai une qui doit nécessairement produire une grande impression ; c'est, *un acte de notoriété*, signé par *huit des maisons* de commerce françaises *les plus respectables* de la Plata — cet acte établit trop évidemment à quel point étaient arrivés le relâchement et la partialité dans l'exécution du Blocus français.

Nous, soussignés, négociants établis à Montévidéo, sur la sollicitation du propriétaire et armateur du brick *Indépendencia Américana*, certifions :

» *Que depuis un an à peu près, il entre journellement dans ce port, un nombre considérable de bâtiments chargés venant de Buenos-Ayres ;*

» *Que, de même, il part d'ici, tous les jours des bâtiments chargés qui entrent à Buenos-Ayres et y déchargent leurs cargaisons ;*

» *Que, des bâtiments d'outre mer entrent continuellement à Buenos-Ayres, déchargent et retournent chargés de produits du pays, expédiés pour des ports de l'Europe et du Brésil ;*

» Que les navires de guerre faisant le blocus de Buenos-Ayres ONT QUELQUEFOIS *intimé ce blocus à des bâtiments d'outre mer,* MAIS JAMAIS *à ceux qui font le trafic entre le port de Montévidéo et Buenos-Ayres ;*

» *Que toutes les fois qu'un bâtiment a été détenu en flagrant délit de contravention du blocus, on s'est contenté de le conduire au port de Montévidéo où il a été mis immédiatement en liberté ; et que pas une seule condamnation de bonne prise, pour cause de rupture du blocus, n'a eu lieu depuis un an ;*

» Qu'étant défendu par le gouvernement de Buenos-Ayres, le trafic avec Montévidéo, *les bâtiments qui viennent ici sont censés être expédiés pour des ports du Brésil ;*

» *Tous les faits précédents étant vrais et notoires à tous les négociants de Montévidéo, nous n'hésitons pas à donner ce certificat.*

» A Montévidéo, 24 décembre 1847.

  Signé, FAUCON aîné, DUPLESSIS, A. TAMPIED (par procuration, Th. ROUSSE, Martin HARDOY), HERRAND, ED. SCHERER, AUDIFRED, MICHAUD.

Vu pour légalisation de la signature ci-contre de MM. Faucon aîné, Duplessis, Tampied (par procuration, Th. Rousse, Martin Hardoy), Ed. Scherer, Herand, A. Audiffred et M. J. Michaud, tous Français, négociants en cette ville de Montévidéo.

Montévidéo, le 30 décembre 1847.

    Le chargé d'affaires et consul général de France,

      Signé, A. DEVOIZE.

Voici maintenant des chiffres incontestables, AUTHENTIQUEMENT ÉTABLIS, OFFI-CIELLEMENT RECONNUS qui se graveront dans la mémoire de tous : du 1ᵉʳ Août au 1ᵉʳ Décembre 1847, les croiseurs Français, qui devaient rendre le Blocus de Buenos-Ayres *effectif*, y ont laissé entrer librement *quinze cent cinq navires* de toutes nations, et ils en ont laissé sortir *treize cent quarante-deux*; et de-puis le 1ᵉʳ Novembre 1847 jusqu'au 29 Février suivant, le port de Buenos-Ayres a présenté, ainsi que je l'ai prouvé, un mouvement total d'entrées et de sorties de TROIS MILLE CENT QUARANTE-CINQ NAVIRES; et, en réu-nissant tous ces chiffres, on arrive à cette conclusion, *aussi saisissante qu'in-contestable* : que, pendant les époques précitées, c'est-à-dire, depuis qu'on a fait le Blocus AU NOM DE LA FRANCE SEULE, LES NAVIRES DE GUERRE FRANÇAIS QUI PRÉTENDAIENT LE RENDRE EFFECTIF ET ABSOLU, ONT LAISSÉ VIOLER CE BLOCUS CINQ MILLE NEUF CENT QUATRE VINGT-DOUZE FOIS *par les entrées et les sorties d'autant de navires!* — Et je n'ajoute pas ici les milliers de navires qui ont fait la même chose depuis le 29 février jusqu'au 28 juin suivant, jour de la levée du prétendu Blocus!

ON N'ESSAIERA PAS DE ME CONTREDIRE, j'en suis certain; car, on sait que les chiffres et les faits authentiques sont des arguments *obstinés et inflexibles.* JE POSSÈDE LES PREUVES OFFICIELLES, AUTHENTIQUES ET NOTOIRES DE LEUR EXACTITUDE.

Comment donc se fait-il qu'on ait confisqué, *à l'occasion d'un tel état de choses*, des propriétés appartenant à des nationaux de pays amis? Cependant, je le répète, rien n'a été négligé pour prévenir l'erreur, et voici ce que je disais à cet égard dans le premier mémoire en recours :

Tous nos efforts sont restés sans succès! L'ancien Conseil d'Etat a prononcé *la peine extrême, la peine de la confiscation* à l'occasion de ce Blocus, *comme s'il eût été légitime.* Il a vu des tentatives d'infraction et de violations réelles dans ce qui n'était que le résultat *naturel, inévitable et même désiré*, de ce *laisser faire* et de ce *laisser passer* que les autorités Françaises, dans la Plata, encourageaient si ouvertement et si notoirement que *c'était sur la foi de cette tolérance que les navires du commerce se dirigeaient vers le port de Buenos-Ayres qu'ils savaient rester accessible.*

« *Il est de la dignité du gouvernement de la France*, disait l'honorable Monsieur de Pas-» calis, *il est de la dignité du Gouvernement Français que cette confiance ne soit pas trompée!*

Voici une pièce authentique qui prouve évidemment combien cette confiance était grande; en effet, dans la circonstance dont il y est fait mention, elle déterminait une des premières maisons Anglaises du commerce de la Plata, à répondre de la valeur agréée d'un navire qu'elle avait affrété; c'est à cette condition seule que le capitaine de ce navire avait con-senti à le conduire à Buenos-Ayres..... A sa sortie de ce port, avec un chargement de retour pour l'Europe, ce navire Anglais a été capturé; et l'affréteur a payé au capitaine la somme fixée dans l'acte de garantie dont voici la traduction :

Montevideo, 15 Décembre 1847.

Au capitaine John Harrisson, *commandant la goëlette Anglaise l'Eliza Cornish.*

Monsieur,

Les autorités Françaises dans la Plata AYANT LAISSÉ PLUSIEURS NAVIRES NEUTRES, DE COMMERCE, ENTRER, SANS ÊTRE MOLESTÉS, DANS LA PETITE RADE DE BUENOS-AYRES, nous vous prions de vouloir bien faire voile immédiatement pour ce port avec votre navire afin d'y prendre un chargement de retour aux termes de la Charte-Partie, faite à Liverpool par le ministère de Messieurs Dean et Mills, courtiers de navires; et, en cas que vous y consentiez, *nous nous déclarons responsables de la valeur estimée de votre navire, c'est-à-dire de quatorze cent livres sterling* dans le cas où quelqu'événement imprévu arriverait.

Agréez, etc.

Signé, HENRY A. GREEN et Comp.e

Reçu de Messieurs H.-A. Green et compagnie, principaux affréteurs de mon navire la goëlette Anglaise l'Elisa-Cornish, la somme de *quatorze cent livres sterling, valeur estimée dudit navire,* en décharge de la garantie qui m'a été donnée, comme ci-dessus, par les dits sieurs Green et compagnie. Bon pour 1,400 livres livres.

Montevideo, 30 avril 1848.   *Signé*, JOHN HARRISSON.

Je, soussigné, Lennon Hunt, vice-consul d'Angleterre à Montévidéo, certifie : que la signature ci-dessus apposée de Henry Green et compagnie est celle vraie et propre de cette maison; je certifie aussi que la signature de John Harrisson est aussi celle dudit sieur apposée de sa main.

En témoignage de quoi j'ai donné le présent certificat de ma main et sous mon sceau d'office au Consulat d'Angleterre ce 17 mai 1848.

Signé, LENNON HUNT.

L. S.   *Vice-Consul.*

Vu pour légalisation de la signature de M. Lennon Hunt, vice-consul d'Angleterre, à Montevideo.

Montévidéo, le 5 juin 1848.

Le Chargé d'Affaires et Consul-général de France,

L. S.   *Signé*, A. DEVOIZE.

En présence de tout ce qui précède et qui est la vérité, *rien que la vérité,* qu'il est de mon devoir de dire au moment suprême où se trouve cette affaire; comment pourrait-on douter, sans offenser le Gouvernement Français(*), de l'empressement qu'il mettra à lui donner une solution complète et surtout satisfaisante, en un mot, une solution telle que l'exigent l'honneur et la conscience du pays(**), comme aussi *la logique* de ses principes et de sa politique.

____

(*) Voici en quels termes je me permettais d'écrire à Monsieur le Ministre des Affaires Etrangères, le 15 février dernier, pour lui exprimer la confiance que j'ai dans ses sympathies pour le triomphe des Principes qui se trouvent en cause dans l'affaire du *Fame* :

« Je ne saurais voir dans votre silence, disais-je à Monsieur le Ministre, le symptôme d'aucune dis-
» position contraire à l'accomplissement des vœux si hautement formulés pour le succès de l'affaire du *Fame*.
» En effet, on ne pourrait se livrer à une telle supposition qu'en méconnaissant les sentiments nobles
» et généreux dont Votre Excellence donne des preuves chaque jour plus éclatantes dans la défense des
» Principes du Droit International; et il est si évident que l'affaire du *Fame* doit être considérée sur tout,
» comme une question de Principes dont le maintien importe à l'ordre International, cette évidence, dis-je,
» est si grande, qu'il n'est permis à personne de supposer que les vœux et les efforts de Votre Excellence
» ne soient pas complètement acquis au succès de cette cause !!! Votre Excellence comprend combien il
» est impossible de laisser subsister plus longtemps sans une juste réparation, les conséquences d'un acte
» qui a été stigmatisé d'une manière si solennelle et si générale; l'honneur et la conscience du Pays, dont
» l'Empereur sera toujours le plus digne interprète, exigent qu'un terme soit mis à la souffrance de tous
» les intérêts qui sont engagés dans cette affaire : ceux de la morale, c'est-à-dire d'une saine politique,
» comme ceux des Réclamants; et en contribuant à ce résultat, Votre Excellence aura donné satisfaction
» à un sentiment bien légitime et très prononcé en France comme en Angleterre dans tout ce qui touche
» à la sécurité que le commerce maritime attend, et avec raison, du maintien absolu des Principes et des
» Traités; et pour se convaincre de la puissance de ce sentiment, surtout en Angleterre, il suffit de jeter
» les yeux sur la discussion qui a eu lieu à la Chambre des Communes dans la séance du 9 de ce mois
» relativement à une réclamation de négociants Anglais contre le gouvernement Portugais en conséquence
» de la violation, à leur égard, des clauses de certains traités. Assurément, rien n'est plus significatif que
» le vote par lequel s'est terminée cette discussion. (*La prise en considération et le renvoi à un Select
» Committee ont été prononcées à 52 voix de majorité, malgré l'opposition du Gouvernement Anglais.*)
» Il est vrai que dans l'affaire de Madère, il s'agit de la violation d'un traité; mais celle dont souffrent
» les propriétaires du *Fame*, est infiniment plus grave puisqu'elle s'adresse à des principes essentiels qui
» sont consacrés dans toutes les conventions maritimes et leur servent de base; considérant surtout que
» *cette violation a été reconnue par le Gouvernement Français.* »

(**) Dans le Mémoire annexé à la Requête du 15 novembre, j'ai cité, relativement à l'indemnité, qu'il serait juste d'accorder aux propriétaires du *Fame*, un rapport de M. *de Portalis* (9 Prairial an VIII.)

Voici quelques passages de cet admirable Rapport qui restera toujours comme un monument de sagesse et d'équité, *et qui pourra constamment servir de modèle:*

« Le navire Nord-Américain *Le Pegou*, ayant été pris par *deux frégates de la République,* les pro-
» priétaires de ce navire, n'ont *d'autre contradicteur que moi,* puisqu'ils n'ont d'autre partie que le
» Gouvernement; (c'est aussi par un navire de l'État que le *Fame* a été pris.)
» La Justice est la première dette de la Souveraineté; en exerçant les actions du Gouvernement,
» je n'oublierai donc pas que mon premier devoir, dans toutes les discussions, est de chercher le vrai;
» et que, par mon mandat; je ne dois être QUE JUSTE.

. . . .

» Le grand principe est donc de se déterminer par la vérité des choses.

. . . .

» On doit mettre à l'écart toutes les épines et *toutes les subtilités du droit;* et, suivant l'expression

Ne semblerait-il pas impossible de concilier une solution qui impliquerait la négation de ces principes, en vue d'un intérêt matériel (*et ce serait le seul auquel on pût attribuer cette négation*) AVEC L'ADHÉSION ENTIÈRE que le Gouvernement Français peut donner et qu'il donne effectivement aux *déclarations solennelles* des Puissances Maritimes qui les recommandent ainsi, et aujourd'hui plus que jamais, au respect du monde entier!

A.-G. BELLEMARE.

La Chartreuse, le 21 mars 1854.

» énergique d'une ancienne ordonnance (ordonnance du 7 décembre **1400**, sur le fait de l'Amirauté) :
» Il faut procéder par une mûre et bonne délibération, ET Y REGARDER PAR LA CONSCIENCE. » A quoi
» serviraient les déclarations, les interrogatoires, les informations qui ont lieu dans les premiers moments
» où une prise est amenée, si tout se réduisait à l'examen matériel des pièces; si le devoir du Juge
» n'était pas d'approfondir les objets; et si les parties n'avaient pas le droit d'expliquer, par leurs dé-
» clarations et par leurs réponses, les faits qui peuvent être obscurs; ou *de suppléer, par une jus-*
» *tification détaillée*, aux pièces qu'elles ont été dans l'impossibilité de rapporter, ou dont l'omission
» n'est que l'effet de circonstances plus ou moins impérieuses.

« L'objet des dommages intérêts est la réparation du dommage souffert et du gain cessant. L'adju-
» dication des dommages-intérêts est fondée sur ce que chacun doit réparer le tort qu'il a fait à autrui.
» Ainsi, il est dû des dommages-intérêts en matière de prises, toutes les fois, qu'indépendamment de
» l'action en restitution ou en rétablissement de ce qui a été pris, on peut encore demander à être
» indemnisé de ce qu'on a souffert par le fait de certaines vexations dont on peut se plaindre et de
» l'état de séquestration d'une propriété qui aurait toujours dû être libre.

» *En général, on est tenu par la Loi naturelle et par la Loi civile, de réparer le dommage dont*
» *on est cause. Le prétexte même de l'erreur ne peut dispenser personne de cette réparation; quand*
» *l'injustice des capteurs ne peut être excusée, les capturés ont incontestablement droit à une adju-*
» *dication de dommages-intérêts.*

Voici une autre citation également importante.

« Lorsque la prise est déclarée nulle, le capteur est tenu à des dommages-intérêts envers le capturé.
» (Voir la décision du Conseil des Prises, 9 Prairial an VIII) *et cette obligation des Corsaires est com-*
» *mune aux vaisseaux de l'Etat*; ces dommages seraient encourus lors même qu'il n'y aurait pas eu de
» mauvaise foi de la part du capteur. Il est responsable de son erreur. Sa *bonne foi* ne peut que dé-
» terminer le juge à réduire le quantum de la condamnation. »

(*Dalloz, tom. IV, pag. 57, paragraphe 5, n° 158.*)

Qu'il me soit permis de faire remarquer que la rigueur déployée contre les *rares navires* qu'on a
pris, ainsi que je l'ai dit plus haut, est d'autant moins excusable, que le soi-disant blocus n'était pas
le résultat d'un état de guerre. C'est ce qui est *Judiciairement* et *Diplomatiquement* établi par un décret
du 25 mars 1848 du Conseil d'Etat, qui ordonne la *restitution de munitions de guerre* qui avaient été
saisies à bord du navire Brésilien, le *Comte de Thomar*. Voici un extrait de ce décret :

« Considérant qu'il résulte de la lettre du Ministre des Affaires Etrangères que, nonobstant le blocus
des côtes de la République Argentine; le Gouvernement Français n'était pas en état de guerre avec
ladite République :

» Art. 1er — Est déclarée *non valide* la prise des poudres et du plomb saisis à bord, etc., etc. »

AINSI DONC, TANDIS QU'ON RESTITUE DES MUNITIONS DE GUERRE, ON GARDERAIT DES PROPRIÉTÉS COMME CELLE
DU *Fame* ET DE SA CARGAISON! Un mot de plus ici serait un mot de trop !!!!

ÉRRATA. — CORRECTION IMPORTANTE.

Page 14, ligne 11 *de la Note*, article 5 de la Convention avec le Brésil, lisez : *Six* pour cent
au lieu de *Neuf* pour cent.

MISSION

DES AGENTS DE LA RUSSIE AUX ETATS-UNIS

POUR Y ARMER DES CORSAIRES.

L'attention du Gouvernement de Sa Majesté Britannique, ainsi que celle du Parlement d'Angleterre, vient d'être appelée sur cette question. Depuis lors, on a appris, par la dernière malle des Etats-Unis « *que des Agents de la Russie, récemment arrivés, s'occupaient* » *activement, dans plusieurs ports de l'Union, d'organiser* UN SYSTÈME DE CORSAIRES (*) *contre* » *le commerce maritime de la France et de l'Angleterre.* »

Cette nouvelle a causé une vive sensation, et à bien juste titre, car on sent que si, dans les évènements qui se préparent, les Puissances alliées présentent *un côté vulnérable*, à leur adversaire, c'est *uniquement* celui par lequel il pourrait causer de grands dommages à leur commerce maritime, en faisant *courir-sus* par *des corsaires*.

Les principaux organes de l'opinion publique, en France et en Angleterre, s'occupent beaucoup de cette question ; et en attendant la *Déclaration* que le Gouvernement de S. M. B. doit faire à ce sujet, d'accord sans doute avec celui de la France, ils traitent cette matière sous plusieurs rapports essentiels. Ainsi, comme question morale, ils démontrent évidemment que la *Course maritime* n'est plus en harmonie avec les principes ni avec les idées de nos jours ; comme question de Droit International, ils établissent bien qu'on devrait et même que l'on pourrait considérer ce moyen d'hostilité comme contraire au Droit des Gens, puisque déjà plusieurs grandes Puissances Maritimes se sont prononcées contre son emploi et en ont stipulé l'abolition complète dans plusieurs conventions. Quelques journaux vont jusqu'à émettre l'opinion que l'emploi de ce moyen ne serait d'aucune utilité pratique à la Russie parce que ses corsaires manqueraient de ports, soit pour se réparer, soit pour vendre leurs prises. En résumé, tout ce qu'on écrit sur ce sujet tend plutôt à rassurer sur le danger signalé qu'à mettre en garde contre lui.

Qu'il me soit permis de le dire : CETTE SÉCURITÉ EST DANGEREUSE, *parce qu'elle est mal fondée.* En un mot, la question me paraît mal posée et comme telle en péril d'être mal résolue, surtout dans sa partie pratique.

Or, au point où en sont les choses, il faut éviter les erreurs autant que possible ; il faut agir *vite, sûrement et partout où un danger vient à poindre,* autrement ce danger peut prendre

---

(*) Expression textuelle des journaux Américains.

do très grandes proportions. Tout le monde est intéressé au triomphe de la GRANDE CAUSE que défendent les Puissances alliées et il est du devoir de chacun d'y contribuer, de loin comme de près, dans la mesure de ses forces et de ses moyens, si faibles qu'ils soient. C'est le sentiment de ce devoir qui me porte à écrire ces lignes. En effet, je crois être à même de faire d'utiles indications sur ce sujet aujourd'hui si important. Avant tout, qu'il me soit permis d'expliquer comment il peut en être ainsi : Je me trouvais aux Etats-Unis en 1827 et 1828, pendant la guerre que se faisaient alors plusieurs Etats de l'Amérique du Sud; et, par une circonstance toute particulière j'ai pu suivre, *mais, en spectateur désintéressé*, je me hâte de le dire, toutes les phases de l'accomplissement d'une mission *en tous semblable* à celle que les Agents de la Russie y remplissent aujourd'hui. En effet, les Agents que les Gouvernements Sud-Américains dont il s'agit y avaient envoyés dans le même but, ont pu l'atteindre, *malgré les obstacles que les autorités Américaines y ont mis*, conformément aux lois de leur pays que, dans ces circonstances surtout, ils font toujours très-fidèlement mettre à exécution.

Je le répète, la question est mal posée, principalement en ce qui concerne les Etats-Unis. Quelques mots suffiront pour le faire comprendre :

Il est bien vrai que le Gouvernement des Etats-Unis est le premier qui ait tenté *systématiquement* d'amener l'abolition de la Course Maritime. Il l'a stipulée dans son traité de 1778 avec la France et dans celui de 1785 avec la Prusse.

Mais ce n'est pas seulement dans ses traités avec divers pays que le Gouvernement des Etats-Unis a voulu contribuer à l'abolition *de la Course Maritime*, ou tout au moins à restreindre l'emploi de ce moyen d'hostilité et surtout à en prévenir l'abus. On trouve aussi des preuves manifestes de ce désir, si louable, dans des *statuts* et dans *des lois spéciales* émanées du congrès et du pouvoir exécutif. Je citerai 1° l'acte du congrès de 1794 remis en vigueur en 1818; 2° celui du 18 juin 1812; 3° le Message du 8 Décembre 1846. Dans tous ces actes, « *il est expressément défendu à tout citoyen des Etats-Unis de prendre aucune part » que ce soit, dans aucune entreprise militaire ni dans l'armement d'aucun navire dirigés ou » destinés à agir contre un pays avec lequel les Etats-Unis soient en paix et en amitié.* » L'infraction de ces lois est punie de la confiscation des navires ainsi armés, ou saisis en cours d'armement, et de l'amende pour ceux qui y prennent part. Il y a plus, tout citoyen de l'Union qui est trouvé à bord d'un Corsaire *courant-sus* le commerce des Neutres, est puni *d'emprisonnement et d'amende (commentaires* du Chancellier Kent.)

C'est surtout dans la sévérité avec laquelle ces lois sont mises à exécution que se manifestent les sentiments et les intentions du Gouvernement des Etats-Unis à l'égard de la *Course Maritime.* Ainsi, le 3 décembre 1805, le Président Jefferson disait dans son Message au Congrès :

« Des navires Américains se livrent à la Course, les uns sans Lettres de Marque, les » autres avec des Lettres de Marque irrégulières, et quelques-uns aussi avec des papiers en » règle; tous commettent des abus, c'est-à-dire des actes de piraterie. En conséquence, j'ai » envoyé des navires de l'Etat à la poursuite des délinquants pour les amener TOUS *devant » nos Tribunaux* ET LES FAIRE JUGER COMME PIRATES. »

De 1812 à 1846, d'autres lois, aux mêmes fins, ont été faites et mises à exécution chaque fois que l'occasion s'en est présentée. Ainsi, en 1827 et 1828, le Gouvernement des États-Unis a fait saisir à New-York et à Baltimore des navires qu'on y armait n guerre même pour le compte de *Gouvernements Sud Américains*, *alors belligérants*.

Les autorités de New-York ont poussé la scrupuleuse observation des lois précitées jusqu'à faire prévenir officieusement, mais de la manière la plus catégorique, les *Agents officiels* d'un de ces gouvernements qu'il ne leur serait pas permis de remettre, sur le pied de guerre, un vieux vaisseau Danois de 74 le « *Tupperhetcen* » qui se trouvait alors désarmé dans le port et que les susdits agents étaient sur le point d'acheter, *comme navire de commerce* — le gouvernement Danois ayant ordonné de ne le vendre que comme tel.

L'armement des Corsaires dans tout port des États-Unis, est donc impossible et quoique cela soit généralement — universellement bien connu — c'est invariablement aux États-Unis que se rendent les agents des gouvernements belligérants ou des particuliers — qui veulent se pourvoir de navires de guerre ou de Corsaires, comme le font aujourd'hui ceux de la Russie; *et ils y réussissent toujours*, *malgré la vigilance et la loyauté avec lesquelles les autorités Américaines y mettent obstacle.*

Il est évident qu'il *y a quelque chose là-dessous* (qu'on daigne me pardonner l'emploi de cette expression en raison de la fidélité avec laquelle elle rend la pensée qui vient ici à l'esprit de chacun.) Or, c'est là ce qu'il faut dévoiler en l'exposant au grand jour de la publicité afin qu'on puisse y obvier.

Le succès de toutes ces missions est dû à la facilité avec laquelle tous ceux qui en sont chargés, peuvent éluder les lois des États-Unis, et les règles du Droit International, tout en paraissant s'y conformer, et voici comment :

Un agent se rend aux États-Unis — seul pays où l'on trouve à *bon marché et promptement des navires propres à toutes les fins susdites*, surtout à Baltimore si renommé pour la construction des « *clippers* » — un traité secret est fait pour un ou plusieurs navires, — mais ce n'est pas dans un port Nord Américain que la livraison doit s'en effectuer.—On les expédie sur lest et *comme navires de commerce*, *sous pavillon* Américain, avec officiers et équipage Américain, pour quelqu'une des îles des Antilles où l'opération peut se parfaire, grâce à une foule de circonstances complètement indépendantes de la volonté de leur Gouverneur, qui, le plus souvent, manquent des moyens matériels , c'est-à-dire des forces navales nécessaires pour faire respecter les lois maritimes du pays auquel l'île appartient. Le navire, ai-je dit, part sur lest, mais *l'artillerie et les vivres* qui lui sont destinés sont mises à bord d'un bâtiment affrété *expressément* dans ce but, et qui part avant lui, apparemment pour une autre destination.

Quant aux hommes de l'équipage de guerre on les répartit, à titre de passagers, sur les navires qui se rejoignent aux Antilles, et c'est là que l'opération se termine de la manière suivante: l'acte de vente du navire (*Bill of Sale*) est passé devant le consul américain, qui prend possession des papiers américains dont le bâtiment était pourvu, et il les renvoie aux États-Unis ; puis, le pavillon de l'Union est remplacé par celui du pays auquel le navire appartient désormais. Au premier moment favorable ce navire, suivi de celui qui porte son artillerie et ses vivres, se rend dans quelqu'anse écartée, de préférence sous le vent de l'île, et là il embarque tout son armement et son équipage en *donnant des lettres de naturalisation* à tous les étrangers qui en font partie. Voilà, je le répète, comment les choses se font; c'est ainsi qu'on se procure aux États-Unis des navires excellents pour la course maritime; *c'est ainsi qu'on prépare leur armement sous les yeux mêmes des autorités américaines* qui sont *légalement* impuissantes a y mettre obstacle, puisqu'on y procède d'une manière qui ne donne aucune prise à l'application des lois préventives. La seule chose que ces autorités puissent faire, c'est d'exiger une caution des armateurs américains ; mais ceux-ci se déchargent de toute responsabilité en remettant *les papiers de bord américains*, surtout la patente de navigation aux autorités compétentes. Par cette remise le gouvernement des États-Unis demeure en règle à tous les points de vue possibles ; car il est bien évident que sa surveillance, son action et sa responsabilité ne peuvent pas s'étendre au delà de certaines limites ; et ce sera désormais aux nouveaux propriétaires du navire qu'il faudra demander compte de l'usage qui en sera fait!

C'est de cette manière qu'ont été armés presque tous les navires qui ont été employés dans les guerres des nouveaux États de l'Amérique *du Sud*, principalement depuis 1823 jusqu'en 1828 ; c'est de cette manière que l'Océan Atlantique s'est trouvé infesté de *corsaires de la pire espèce*, même long-temps après ces guerres. Qu'il me soit permis de citer à cet égard un fait auquel j'ai assisté : c'était en 1829, c'est-à-dire 8 mois après la cessation de la guerre entre le Brésil et Buenos-Ayres, et pendant les événemens politiques au milieu desquels la population française de Buenos-Ayres se trouvait si gravement menacée dans son existence et dans ses propriétés que le consul général de France avait cru devoir dépêcher une personne de confiance vers l'amiral Baron Roussin, qui se trouvait alors à Rio-Janeyro avec une division navale française, pour lui demander des secours et lui remettre des dépêches à cette fin en en complétant le contenu par des explications verbales ; j'eus l'honneur d'être choisi pour accomplir cette mission. A cette occasion, et à titre de bon procédé international, le Commodore américain Creighton qui allait appareiller pour Rio-Janeyro avec la frégate de **60** la *Hudson* et deux corvettes, offrit au consul général de France de me recevoir à bord de la frégate, vu l'urgence et l'importance de la mission qui m'était confiée. Eh bien! dans le cours de ce voyage nous donnâmes la chasse à deux goëlettes *fort suspectes*, qui ne nous échappèrent qu'à la faveur de la nuit et de leur marche supérieure au plus près du vent. C'étaient des navires de construction américaine, armés chacun d'une pièce à pivot, *qu'ils avaient coiffée de leur chaloupe pendant la chasse. C'étaient évidemment des restes de ces nombreux corsaires,* qui, pendant la guerre entre Buenos-Ayres et le Brésil se couvraient illégitimement du pavillon de l'un ou de l'autre de ces belligérants, selon l'occurrence, pour commettre toutes sortes de déprédations. On me pardonnera d'entrer dans tous ces détails, mais le sentiment qui me porte à écrire cette note me fait un devoir de ne négliger aucun de ceux qui peuvent éclairer cette question, surtout dans sa partie pratique.

Je crois avoir démontré qu'on se fait une illusion fort dangereuse en comptant sur l'intervention du Gouvernement des Etats-Unis pour faire échouer les Agents de la Russie dans leur mission. Il est *légalement* impuissant à le faire. Sans doute ce Gouvernement, toujours ferme et loyal dans le respect du Droit International, ne permettra pas qu'on arme ces navires dans aucun port de l'Union. Mais comment pourrait-il mettre obstacle à ce que des constructeurs ou des propriétaires de navires en vendent à l'étranger et surtout à des étrangers? Comment pourrait-il empêcher que des négociants envoient aux Antilles *et même plus loin,* des vivres, des munitions de guerre et même des armes comme marchandises? D'ailleurs, la spéculation et la cupidité trouveront mille moyens d'éluder la loi, même celle qui oblige à donner caution! On peut être certain que ce qui se faisait en 1828 se fera encore en 1854; et s'y l'on n'y avise, toutes les mers seront bientôt

Infestées de *Corsaires* qui causeront les plus grands dommages au commerce des puissances alliées.

« Mais, dit-on, ceux qui auraient la pensée d'armer des corsaires sous pavillon Russe en seront
» détournés, d'abord, par l'impossibilité manifeste de faire régulariser l'expédition de ces corsaires, au
» point de vue du Droit International qui veut aujourd'hui qu'on traite comme pirate tout corsaire qui
» aurait été armé et commissionné ailleurs que dans un port appartenant à la puissance belligérante ;
» puis et surtout par la difficulté de vendre les prises faites par un tel corsaire ; (cette considération
» est celle qui aurait le plus de poids pour la spéculation privée.) »

Pour tout cela, il faudrait, en effet, pouvoir entrer dans des ports Russes ;

« Or, ajoute-t-on, c'est évidemment impossible en raison du blocus hermétique des ports russes sur
» la Mer Noire et sur la Baltique, tandis que, d'un autre côté, on ne peut arriver à aucun port
» Russe que par le Détroit de Behring, chose vraiment impraticable. »

Eh bien ! qu'on me permette de le dire, ces motifs de sécurité sont encore plus mal
fondés que ceux que je viens de discuter ; et la sécurité qu'ils tendent à inspirer serait
des plus dangereuses ! C'est ce que j'espère établir d'une manière claire et complète ; mais,
pour y parvenir, et afin que le lecteur saisisse plus facilement cette partie de la question,
j'ose lui demander de vouloir bien, avant d'aller plus loin, se placer en face d'une carte
du Monde, et préféremment d'un *planisphère*, comme par exemple celui de Monin, où
la côte occidentale de l'Amérique du Nord se trouve projetée en face de celle de l'Asie ;
à défaut de cette carte, un globe terrestre remplira le but que je me propose et qui est
de démontrer, d'abord, *l'erreur géographique* dans laquelle on est tombé en disant que,
dans l'état actuel des choses, *on ne peut arriver à un port Russe, que par le détroit de Behring* — PUIS, TOUT LE DANGER QUI RÉSULTE DE LA POSSIBILITÉ ÉVIDENTE DU
CONTRAIRE ! En effet, quant à cette erreur, n'apperçoit-on pas du premier coup d'œil tous
les ports qui se trouvent à la pointe du Sud-Est du Kamtschatka et notamment celui
d'AVATSCHA *dans la baie de Saint-Pierre et de Saint-Paul*, port que l'illustre et malheureux
La Pérouse a visité le 7 septembre 1787 et dont il vante tous les avantages — un peu
plus loin, n'apperçoit-on pas *la mer d'Okhotsk* et tous les ports qui s'ouvrent sur ces eaux
Russes, *notamment celui d'Okhotsk qui a un chantier de construction* et est l'entrepôt du commerce Russe avec l'Asie et surtout avec la côte du Nord-Ouest de l'Amérique.

On ne saurait imaginer des ports plus avantageux que ceux-là sous tous les rapports, pour
des corsaires. Okhotsk est facilement accessible jusqu'en octobre ; *Avatscha* est sous le même
parallèle que Londres ! L'erreur géographique que je viens de signaler est donc évidente !
Et, c'est ici que nous entrons dans la partie la plus importante, la *plus vive* de la question ; je
vais droit au danger que j'aperçois et que je veux signaler : *il consiste dans la grande facilité que les armateurs de corsaires trouveront, dans certains ports de la Californie pour arriver
à leurs fins* ; c'est-à-dire, pour éluder les lois des États-Unis et toutes autres quelconque,
encore plus facilement qu'on ne le fait dans les ports situés sur l'Océan Atlantique. Ceux de
la Californie sont aujourd'hui remplis de magnifiques Clippers à voiles et à *vapeur*, et ces
navires sont toujours offerts en vente en raison de la rareté du fret de retour.

Les Agents Russes ou les armateurs de Corsaires trouveront donc à se pourvoir infiniment mieux et à tous les égards, en Californie qu'à New-York.

Les navires qu'ils y achèteront, sous un nom d'emprunt (et il ne manquera pas dans ces
pays de personnes qui prêteront le leur dans un tel but ;) se rendront en 15 jours aux ports

que je viens de citer; et en 15 jours de plus ils peuvent être prêts à prendre la mer complètement équipés, armés et parfaitement en règle avec les principes de Droit International que j'ai cités plus haut—de cette manière, et en supposant que la guerre soit déclarée au mois d'avril, de nombreux et redoutables Corsaires peuvent se trouver, dès le mois de juillet prochain, lancés des ports Russes de la côte d'Asie, sur le commerce de la France et surtout sur celui de l'Angleterre dans les mers du Sud; car, grâces à la rapidité des communications avec la Californie par l'Isthme de Panama, des opérations de ce genre peuvent être montées et mises à exécution dans ce court espace de temps.

Tout ce que je viens de dire est parfaitement possible — Or, en semblable matière, tout ce qui est possible doit être considéré comme tellement probable, qu'il serait dangereux et conséquemment très-blâmable, de n'y pas aviser de la manière la plus prompte comme la plus efficace autrement. voici ce qui peut arriver.

Peu de mois après la déclaration de guerre, les bâtiments qui apportent habituellement les trésors de la Californie et de l'Australie en Europe, se trouveront *sérieusement menacés*. Pour se faire une juste idée de la gravité de ce danger et de l'immensité des conséquences que sa réalisation peut avoir, il suffit de suivre avec quelque attention les arrivages de ces navires en Angleterre et notamment à Southampton; chacun d'eux (et on peut dire qu'il en arrive un chaque jour), y apporte des richesses auxquelles celles des anciens *gallions* ne sauraient être comparées.

En effet, ne lisait-on pas dans le *Times* du 17, et dans le *Galignani* du 19 de ce mois, l'annonce de l'arrivée du *Sydney*, navire venant d'Australie avec CENT VINGT-DEUX MILLE ONCES D'OR (*environ dix millions de francs!*)

Croit-on donc que ceux qui se livrent ordinairement à la course maritime et qui la font pour le compte de tous les pays, quand l'occasion s'en présente, croit-on donc qu'ils résisteraient à de pareilles tentations? Qu'on soit bien certain qu'ils mettront tout en œuvre pour faire au moins une bonne prise, en évitant autant qu'il leur sera possible le danger *d'être pendus au bout des vergues d'aucun navire de guerre* qui les rencontrerait; et pour cela, ils iront se couvrir du manteau de la légalité dans les ports Russes de la mer d'Okhotsk. D'ailleurs, tout les incite à le faire.

Ne lisait-on pas encore, il y a quelques jours, dans un journal Anglais, qu'il y avait à Sidney, en Australie, pour plus de *sept millions sterling* de valeurs, (175 millions de francs), et que cette ville n'était pas protégée? Qu'y aurait-il donc d'impossible à ce qu'une expédition vint un jour fondre, du Nord, sur cette île, et la mit au pillage après l'avoir bombardée !

Qu'on me permette de le dire en passant: de *telles révélations sont toujours dangereuses*—*surtout dans les circonstances actuelles* —mais ce qui l'est bien d'avantage c'est de se renfermer, après les avoir faites, dans une sécurité aussi mal fondée que l'est celle dont on semble s'inspirer comme je l'ai démontré.

Au point où en sont les choses, je le répète, il faut surtout prévenir le danger et il suffit qu'il soit possible pour qu'on le tienne pour certain; or, en s'y prenant à temps on fait dans ce but, avec *un bâtiment de guerre*, ce que plus tard, on ne réussirait probablement pas à faire avec toute une division navale dont il faudrait alors disséminer tous les navires sur un grand espace.

Il faut empêcher les oiseaux de proie de sortir de leur nid, autrement ils fondront sur de riches proies qu'ils iront cacher *sur quelque rocher de l'Archipel Polynésien* jusqu'à ce qu'ils puissent l'emporter en toute sûreté chez eux !

Qu'il me soit permis de conclure cette note en soumettant à la haute attention et à la sagesse des gouvernemens de France et d'Angleterre, quelques indications que me suggère le sentiment sous l'empire duquel je l'écris; sentiment qui, j'espère, lui fera trouver grâce devant ses lecteurs. Voici donc ce que j'oserais recommander :

1.° Inviter pressamment le Gouvernement des Etats-Unis à donner les instructions les plus précises, les ordres les plus sévères aux autorités Américaines *surtout en Californie*, pour empêcher l'embauchage de matelots Américains, car c'est là un point capital, et surtout, à déclarer que la possession d'une lettre de naturalisation Russe n'empêchera pas son porteur d'être traité avec toute la rigueur des lois, c'est-à-dire en Pirate, s'il est pris sur un Corsaire ainsi armé.

2.° Inviter également le Gouvernement Américain à donner des instructions dans ce sens au Commodore Perry, commandant de la division navale Américaine qui se trouve aujourd'hui dans les mers du Japon, c'est-à-dire dans le voisinage immédiat des ports Russes précités.

3° Obtenir de tous les Gouvernemens qui ont des possessions dans les Antilles, notamment de ceux d'Espagne, de Suède et de Danemarck, qu'ils donnent les ordres plus formels aux Gouverneurs de ces posessions, et aux Commandants de leurs navires de guerre, pour s'opposer à ce qu'on arme en guerre, dans leurs ports, aucun navire qu'on y conduirait dans le but que j'ai indiqué. C'est surtout aux gouvernemens de Danemark et de Suède que cette invitation devrait être adressée avec le plus d'instance, car, c'est précisément dans les îles qui leur appartiennent, qu'on a armé plus de Corsaires et vendu plus de prises que partout ailleurs, pendant les guerres des Etats de l'Amérique du sud, soit avec l'Espagne, soit entr'eux, et cela nonobstant tous les efforts que les autorités de ces Iles ont faits pour y mettre obstacle.

4.° Envoyer immédiatement par le paquebot des Antilles, des ordres aux commandants des forces navales Anglaises et Françaises qui se trouvent dans les mers du sud, pour qu'ils détachent quelques bâtiments de leurs divisions afin de croiser aux abords des ports Russes dont j'ai parlé; ports, qui, en cas de guerre, devraient être rigoureusement bloqués.

Des instructions analogues devraient être envoyées par la malle de Suez aux commandants de la station anglaise dans l'Inde.

Il serait même de la politique des Puissances occidentales de veiller, pour le présent et dans l'avenir, à ce que la Russie ne fît pas d'Okhotsk un autre Sébastopol, d'où elle pourrait, un cas échéant, hostiliser le commerce et même les possessions Anglaises dans les mers de l'Inde, dans celles de la Chine, et surtout dans l'Océan Pacifique.

Je ne me dissimule pas con bien je m'expose à être taxé de présomption en consignant ici les indications qu'on vient de lire; mais, qu'on veuille bien me permettre de faire remarquer que la question dont je m'occupe est tombée depuis quelques jours dans le domaine de la publicité et conséquemment qu'elle se trouve soumise à l'examen et à l'appréciation de chacun; il m'a semblé qu'elle était mal posée et qu'il pouvait y avoir *péril en l'erreur* et surtout *péril en toute demeure à la rectifier.*

Plein de respect et de sympathies pour la GRANDE CAUSE que la France et l'Angleterre défendent, j'aurais cru manquer à un devoir sacré si je me fusse abstenu de faire ce qui, je crois, peut être utile à cette cause, et j'ai saisi pour cela, l'occasion que m'offre la publication du Mémoire qui précède et qui doit être répandu extensivement en France, en Angleterre et en Amérique; je ne suis pas sans espoir que cette publicité même contribue à l'obtention du but, surtout si mes indications sont trouvées dignes d'attention.

Je ne saurais mieux terminer cette note qu'en m'y faisant l'écho des paroles généreuses qui ont été prononcées à la chambre des communes dans la séance du 17 de ce mois par l'honorable M. Gibson, député de Manchester :

« Il serait bien à désirer, a dit l'honorable membre *il serait bien à désirer que toutes* « *les nations du globe vinssent enfin traiter de concert toutes ces grandes questions de Droit des* » *gens et à les résoudre d'une manière en tout généreuse et favorable au maintien de la liberté* « *du commerce et du droit des neutres.* » (*)

Il ne nous reste plus qu'à demander à la Providence de nous permettre de voir le jour si glorieux où ce vœu sera exaucé !

La Chartreuse, près Pau, 24 Mars 1854.

A.-G. BELLEMARE.

(*) Déjà en 1792, l'Assemblée Nationale de France avait décrété « que le pouvoir exécutif serait invité » à ouvrir des négociations avec les Puissances Etrangères, pour arriver à abolir l'emploi des corsaires » dans les guerres maritimes et pour assurer la libre navigation du commerce. »

PAU, IMPRIMERIE DE É. VIGNANCOUR.

NOTE ADDITIONNELLE.

A la page 12 de ce travail, (paragraphe 5), j'ai reproduit la lettre que j'avais adressée le 3 Mai dernier à Monsieur le Ministre de la Marine, pour le prier de surseoir à la distribution de l'argent provenant de la vente des Prises, et j'ai dit que Son Excellence avait répondu à cette lettre *par un refus conçu dans les termes les plus absolus.*

Comme cette expression, bien qu'elle soit complètement justifiée par le texte de la lettre de S. E., pourrait donner lieu à de regrettables interprétations et blesser d'honorables susceptibilités, et que rien ne serait plus contraire aux sentiments qui m'animent et au but que je me propose, je veux consigner ici, par voie de Note Additionnelle et *ad-hoc*, quelques mots qui obvieront au danger que j'entrevois.

Il est bien certain que la lettre qui contient le refus dont il s'agit, est conçue dans les termes les plus absolus; mais il faut l'attribuer surtout aux inspirations du formalisme et non à un mauvais vouloir, car ce refus est fondé uniquement sur la Décision du Conseil d'Etat.

Il est probable que le rédacteur de cette lettre ignorait qu'il est dit dans une décision du 23 ventôse an IX, « que le Conseil des Prises peut modifier ou réviser ses déci-» sions; *que l'intérêt public et celui des particuliers le commandent; et que si cette faculté* » *lui était enlevée, on ne pourrait pas concilier l'intérêt des Puissances que ces décisions* » *pourraient blesser et dont elles auraient le droit de se plaindre ?* »

Il est probable que le même rédacteur n'avait pas lu non plus, dans mon premier *Mémoire en Recours*, ce que je disais en parlant de la partialité qu'on avait mise dans l'exécution de cet inconcevable blocus :

Quelle que soit la pratique d'aucune Puissance Européenne, ou plutôt quelle qu'ait été cette pratique, en matière de blocus, elle a toujours été impartiale.

« *Nous ne reconnaissons le droit de bloquer,* que lorsqu'il est exercé envers tous les pavillons » disait *Sir Robert Peel* à la chambre des communes, le 11 juillet 1843 !

Après avoir rappelé cette déclaration, qui émane d'une autorité si justement respectée, j'ajoutais, à la page 70 du premier *Mémoire en recours :*

Le principe qui se trouve posé dans cette Déclaration solennelle est celui de l'impartialité; principe fondamental, éminemment respectable et qui doit être observé dans tous les blocus possibles? Il a été été bien déplorablement méconnu dans celui dont il s'agit !!! Lorsque l'Angleterre l'invoquera, que pourra-t-on lui opposer de respectable et de bien fondé ?

Assurément, le Gouvernement Français ne voudrait pas traiter le Pavillon d'une grande Nation, amie de la France, moins favorablement que celui des plus petits Etats de l'Amérique du Sud, avec lesquels il a fait des conventions où ces Principes se trouvent consacrés de la manière la plus formelle.

On comprendra parfaitement, je l'espère, le sentiment qui me porte à écrire ces lignes. J'y trouve aussi l'occasion d'exprimer à Son Excellence Monsieur Ducos, mon profond respect et ma vive reconnaissance comme citoyen pour les services éminents qu'il rend au pays depuis vingt ans. Et en ce qui me concerne, je n'oublie pas l'appui que j'ai trouvé auprès de la députation de la Gironde en 1841, lorsque je remplissais à Paris, la mission que m'avait confiée toute la population française des rives de la Plata pour défendre ses intérêts dans une question aussi grave que délicate.

En ce qui touche la Marine, qu'il me soit permis de reproduire ici ce que je disais dans le premier *Mémoire en Recours*, en parlant d'elle, relativement au blocus en question :

« J'honore et je respecte sincèrement les officiers de notre marine militaire; je les ai vus, dans les deux hé-
» misphères, toujours soigneux, toujours jaloux de l'honneur de leur pays et réflétant sur lui tout ce qui
» les distingue et les recommande au respect des étrangers; aussi, m'empressé-je de dire que, si dans
» cette triste affaire du blocus de Buenos-Ayres, leur nom se trouve associé à des actes irréguliers et illé-
» gaux, il faut l'attribuer au malheur qu'ils ont eu de se trouver *dans un milieu où l'irrégularité venait*
» *de toutes parts et entachait ainsi tout ce qui s'y produisait.*

» On doit donc supposer qu'ils ont été entraînés; mais, le résultat n'en est pas moins regrettable; car,
» ils ont ainsi contribué bien malgré eux, sans doute, au sacrifice de Principes et d'intérêts qu'ils devaient
» plutôt défendre ! »

On ne doit donc voir rien d'hostile envers qui que ce soit dans tout ce que j'ai écrit pour l'affaire du *Fame*, surtout envers la Marine Française pour laquelle je professe la plus haute estime, et c'est ce que je tenais à établir. (*) Un tel sentiment serait d'ailleurs diamétralement contraire à celui avec lequel le Gouvernement de S. M. B. a daigné accorder aux propriétaires du *Fame* sa bienveillante recommandation auprès du Gouvernement Français.

A.-G. BELLEMARE.

La Chartreuse, près Pau, 25 mars 1851.

(*) J'espère qu'il me sera donné bientôt d'être utile à notre Marine militaire et marchande, en ma qualité de membre co-propriétaire de la *Compagnie Anglaise des Iles Malouines* (Falkland, Islands corporation. Cette compagnie, incorporée par *Charte Royale*, à fondé, il y a 4 ans, un grand établissement sur la partie la plus avantageuse de ces îles. La colonie a plusieurs ports, et notamment celui de *Stanley* qui est, sans contredit, l'un des plus beaux du monde ; il offre aux navires qui fréquentent ces mers, un abri sûr et de précieuses ressources (que la Compagnie augmente chaque jour) pour les réparations et pour le ravitaillement dont ces navires peuvent avoir besoin et qu'ils chercheraient vainement ailleurs dans ces parages éloignés. Le nombre de ceux qui ont visité Stanley depuis 1851 jusqu'en avril 1855 vient à l'appui de cette assertion; il est en effet de 111 (navires) jaugeant ensemble 48,512 tonneaux !

La Colonie possède un immense territoire sur lequel se trouvent déjà *plus de quatre-vingt mille têtes de gros bétail de la plus belle espèce*, et elle sera bientôt en mesure d'approvisionner la marine de viandes salées et autres vivres à des prix avantageux pour l'Etat.

J'ai présenté il y a quelque temps à la compagnie un projet dans la réalisation duquel les navires français *de guerre* et de commerce, qui fréquentent ces mers, sont intéressés. En un mot, l'établissement des îles Malouines mérite à un haut degré intérêt et protection.

ERRATA. — Page 26, paragraphe 5, ligne 12, lisez : courant sus *au commerce*, au lieu de : courant sus *le commmerce*.

    Page 29, *idem* 2,   1, lisez : pour tout cela *il faut en effet entrer* dans des ports Russes, au lieu de : *il faudrait pouvoir entrer...*

Et surtout Page 30, *idem* 5, 4, lisez : vint fondre sur *Sidney*, au lieu de : sur cette *île.*

CONCLUSION.

P. S. 25 mars. — Voici une nouvelle qui arrive tandis que cette note est sous-presse. — Elle est extraite des journaux de New-York du 8 de ce mois, apportés à Liverpool, par le vapeur l'*Europa.*

« Monsieur Grumwald, l'un des émissaires Russes chargés de l'organisation de Corsaires » au profit du Czar, est attendu prochainement d'Europe, il est accompagné d'un Agent » Américain AVEC LEQUEL IL A CONCLU UN CONTRAT IMPORTANT. »

Je ne saurais mieux faire ressortir l'opportunité de la note qui précède, j'oserais même dire son importance, qu'en reproduisant ici cette nouvelle dont la gravité frappera tous les esprits. Ce n'est certes pas sans hésitation que je me suis permis de traiter un sujet si important et surtout de recommander à l'attention des Gouvernements de France et d'Angleterre les *indications* sans lesquelles cette note serait restée sans conclusion pratique. — En effet, après avoir dévoilé le danger, il m'a paru nécessaire, et d'ailleurs logique, d'indiquer les moyens qui me paraissent propres *à le prévenir.*

Le sentiment sous l'empire duquel j'ai écrit cette note ne laissera, j'espère, planer aucun doute sur celui que j'apporte dans la poursuite de l'affaire du *Fame* et qui se trouve clairement exprimé, dans les lignes suivantes que j'extrais du premier Mémoire en Recours :

» En défendant cette cause, qui se trouve aujourd'hui recommandée à la bienveillance et à l'équité de » l'Empereur par le Gouvernement de Sa Majesté Britannique, *en demandant justice pour des actes où* » *le nom de la France se trouve si gravement compromis,* JE NE PLAIDE PAS CONTRE MON PAYS, JE PLAIDE » PLUTOT ET SURTOUT POUR LUI ; et des hommes éclairés, et impartiaux estiment que je lui rends » un véritable service, en poursuivant, comme je le fais, la solution de cette affaire ; car, il en résul- » tera nécessairement plusieurs choses utiles et importantes : Savoir :

» 1° La réparation entière, il faut l'espérer, d'une erreur inconcevable dans une question de Droit » International ; — 2° l'annulation d'un Précédent aujourd'hui plus dangereux que jamais ; — 3° l'espoir , » et même la certitude que le Blocus de Buenos-Ayres, de 1817 à 1818, est le dernier de ce genre » qui sera fait au nom de la France. »

Il en résultera, en un mot, la remise en honneur de principes qui doivent être à l'abri de toute atteinte.

La conviction ferme et consciencieuse que ce résultat sera obtenu, est celle qui soutient tous ceux qui interviennent dans cette affaire. — Et cette conviction est inséparable du profond respect que leur inspire le Gouvernement Français. Je suis heureux d'en réitérer ici l'expression.

A.-G. BELLEMARE.

www.ingramcontent.com/pod-product-compliance
Ingram Content Group UK Ltd.
Pitfield, Milton Keynes, MK11 3LW, UK
UKHW021625130726
13696UKWH00005B/2069